马克思主义研究文库

政务新媒体发展与党的治理能力现代化研究

禹海霞 | 著

光明日报出版社

图书在版编目（CIP）数据

政务新媒体发展与党的治理能力现代化研究 / 禹海霞著． --北京：光明日报出版社，2025.5. -- ISBN 978-7-5194-8730-0

Ⅰ.D63-39；D26

中国国家版本馆 CIP 数据核字第 20255M85D4 号

政务新媒体发展与党的治理能力现代化研究
ZHENGWU XINMEITI FAZHAN YU DANGDE ZHILI NENGLI XIANDAIHUA YANJIU

著　　者：禹海霞	
责任编辑：宋　悦	责任校对：刘兴华　李佳莹
封面设计：中联华文	责任印制：曹　净

出版发行：光明日报出版社
地　　址：北京市西城区永安路 106 号，100050
电　　话：010-63169890（咨询），010-63131930（邮购）
传　　真：010-63131930
网　　址：http://book.gmw.cn
E - mail：gmrbcbs@gmw.cn
法律顾问：北京市兰台律师事务所龚柳方律师
印　　刷：三河市华东印刷有限公司
装　　订：三河市华东印刷有限公司
本书如有破损、缺页、装订错误，请与本社联系调换，电话：010-63131930
开　　本：170mm×240mm
字　　数：167 千字　　　　　　　　印　张：14
版　　次：2025 年 5 月第 1 版　　　印　次：2025 年 5 月第 1 次印刷
书　　号：ISBN 978-7-5194-8730-0
定　　价：89.00 元

版权所有　　翻印必究

目 录
CONTENTS

导 论 ··· 1
  第一节　问题的提出及研究意义 ··················· 1
  第二节　研究综述 ····························· 13
  第三节　相关概念界定 ························· 32

第一章　党的执政方式创新的重要性、必要性和原则 ······ 48
  第一节　党的执政方式创新的重要性 ··············· 48
  第二节　党的执政方式创新的必要性 ··············· 62
  第三节　党的执政方式创新的原则 ················· 74

第二章　微博问政助推党的执政方式创新的逻辑 ········· 85
  第一节　微博问政的特征及发展历程 ··············· 86
  第二节　微博问政助力党的执政方式创新 ··········· 125
  第三节　西方国家网络问政的经验 ················ 144

第三章　微博问政对党的执政方式创新的影响……………152
第一节　微博问政自身的局限性…………………………153
第二节　党运用微博问政存在的问题……………………163

第四章　党适应微博问政创新执政方式的对策……………166
第一节　确立网络空间的真实在场意识…………………167
第二节　掌握网络意识形态工作领导权…………………174
第三节　打造功能互补的政务微博矩阵…………………179
第四节　构建系统完备的制度规范体系…………………187
第五节　建立多方联动的协同推进机制…………………195

结　论………………………………………………………205
参考文献……………………………………………………209

导　论

第一节　问题的提出及研究意义

一、问题的提出

中国共产党是中国工人阶级先锋队，也是中华民族的先锋队。党的二十大报告强调，"中国特色社会主义最本质的特征是中国共产党领导，中国特色社会主义制度的最大优势是中国共产党领导"①，这是习近平新时代中国特色社会主义思想的一个重要论断。它深刻揭示了中国共产党领导与中国特色社会主义之间内在的统一性：没有共产党就没有新中国，也没有改革开放，更没有中国特色社会主义；在复杂的国际国内环境下，坚持中国共产党的领导是中国特色社会主义沿着正确方向前

---

① 习近平.高举中国特色社会主义伟大旗帜 为全面建设社会主义现代化国家而团结奋斗：在中国共产党第二十次全国代表大会上的报告［EB/OL］.中国政府网，2022-10-25.

进,并取得胜利的根本政治保证;中国特色社会主义的顶层设计、推进实施和效果把控都需要中国共产党;中国共产党坚持全面从严治党,以自我革命推动社会革命,能够为中国特色社会主义的发展提供持久领导力,保证中国特色社会主义的发展品质。

坚持党的领导的实质,就是坚持党在建设有中国特色社会主义事业中的领导核心地位,发挥党总揽全局、协调各方的作用。党的十九大报告指出:"党政军民学,东西南北中,党是领导一切的。"① 其具体表现为中国共产党根据每个历史时期面临的形势及承担的任务、制定的目标,确立该时期所坚持的政治方向、确立的政治理念和具体的政治部署,进而制定科学而合理的政治路线和方针政策,确保中国特色社会主义事业沿着正确方向前进。作为中国唯一的执政党,中国共产党通过在国家政权机关、人民团体中设立党组,由党组对党委报告工作并接受监督,保证党的路线方针政策和重大工作部署得到贯彻执行;通过法定程序使党的主张成为国家意志、使党组织推荐的人选成为国家政权机关的领导人员,全面贯彻党的主张。

党的全面领导某种意义上就是党领导全面工作,而党领导全面工作的方法是总揽全局、协调各方。党统筹生产力和生产关系、经济基础和上层建筑的各个环节和方面,制定战略、决策、政策并督促相关部门和组织贯彻实施。最终,个人意志和部门利益统一到国家意志和利益上来,形成建设中国特色社会主义的政治合力、思想合力、组织合力和行动合力。习近平总书记指出:"我国社会主义政治制度优越性的一个突出特点是党总揽全局、协调各方的领导核心作用,形象地说是'众星

---

① 中国共产党第十九次全国代表大会文件汇编[M].北京:人民出版社,2017:16.

捧月',这个'月'就是中国共产党。在国家治理体系的大棋局中,党中央是坐镇中军帐的'帅',车马炮各展其长,一盘棋大局分明。如果中国出现了各自为政、一盘散沙的局面,不仅我们确定的目标不能实现,而且必定会产生灾难性后果。"① 另外,党的领导是全方位的,覆盖国家和社会生活的各方面。首先,党作出的决策涉及国家和社会生活的方方面面。其次,推动决策实施的部门涉及方方面面。党的组织、宣传、统战等部门,人大、政府、政协、法院、检察院的党组织,以及事业单位、人民团体等的党组织都要贯彻落实党的路线、方针和政策,保证不打折扣地落实。最后,坚持党管干部原则,制定正确的干部路线,确定科学的选人用人标准,并开展各个层级的干部培训教育工作,保证干部能够不断与时俱进,提高自己的理论素养和执行能力。

党要总揽全局、协调各方,发挥中国特色社会主义事业领导核心的作用,必须加强自身的革命,创新执政方式。在2017年2月召开的省部级主要领导干部学习贯彻党的十八届六中全会精神专题研讨班上讲话中,习近平总书记曾经指出:"勇于自我革命,是我们党最鲜明的品格,也是我们党最大的优势。"② 党的十九大报告指出:"勇于自我革命,从严管党治党,是我们党最鲜明的品格。"③ 党的"自我革命"的内涵丰富,包含了自我创新的意蕴,也就是通过创新实现自身执政理念、执政方式等的变革,通过党的执政方式的变革推动社会治理方式的变革,进而用党的自我革命推动整个社会的革命。

---

① 中共中央文献研究室. 习近平关于社会主义政治建设论述摘编[M]. 北京:中央文献出版社,2017:31.
② 习近平. 以解决突出问题为突破口和主抓手 推动党的十八届六中全会精神落到实处[N]. 人民日报,2017-02-14(1).
③ 中国共产党第十九次全国代表大会文件汇编[M]. 北京:人民出版社,2017:21.

党的执政方式的创新是党的自我革命的一部分。中国共产党要承担起中华民族伟大复兴的历史使命，增强自我革新能力、自我学习能力、国家治理能力、世界引领能力，必须与时俱进，不断创新。

伴随着互联网、大数据、人工智能等信息技术的快速普及，微博、微信、客户端等平台兴起，作为权威信息传播者和主流舆论放大器，它们日益成为党和政府与民众沟通的重要桥梁。党的二十大报告指出，加快发展数字经济，促进数字经济和实体经济深度融合，打造具有国际竞争力的数字产业集群。据中国互联网络信息中心（CNNIC）第51次《中国互联网络发展状况统计报告》统计，截至2022年12月，我国在线政务服务用户规模达9.26亿网民，较2021年12月增长了515万网民，占网民整体的86.7%。调查显示，73%的博主把微博视为最重要的新闻、消息来源渠道，94%的人认为微博已经改变了他们的生活。尤其需要注意的是，微博用户中，18~30岁的用户超过67%。他们自觉不自觉地通过微博平台参与国家事务。不同层级、不同方面的政务通过微博、微信、客户端等平台发布消息、参与网民互动，及时为群众排忧解难，形成了干群、党群良好关系；部分政府部门之间在微博上联动办公，构建了颇具特色的微博问政生态系统，形成了具有中国特色的政务微博运营模式；部分政府部门在重大群体性事件中及时通过微博、微信、客户端等平台发声，维护了社会政治稳定，赢得了人民群众的理解、信任。

截至2022年12月，我国共有政府网站13946个，主要包括政府门户网站和部门网站。其中，中国政府网1个，国务院部门及其内设、垂直管理机构共有政府网站539个；省级及以下行政单位共有政府网站13406个，分布在我国31个省（区、市）和新疆生产建设兵团。人民网舆情数据中心资料显示：截至2022年12月，经过新浪平台认证的政务机构微博有14.5万个，我国31个省（区、市）均已开通政务微博。其中，河南省各级政府共开通政务机构微博10017个，居全国首位；其次为广东省，它共开通政务机构微博9853个。① 《人民日报》发布"2018年三季度政务微博影响力排行榜"。评价对象包括全国所有通过微博认证的机构官方微博，评价体系包括传播力、服务力、互动力和认同度四个维度。数据统计周期为2018年7月1日至2018年9月30日。数据显示，"公安部打四黑除四害""共青团中央""中国长安网""中国气象局""中国消防""中国反邪教""故宫博物院""中国警察网""中央气象台""中国地震台网速报"跻身全国十大中央机构微博。"公安部打四黑除四害""共青团中央""中国长安网""中国消防""中国反邪教""故宫博物院"还分别夺得了公安、团委、政法委、应急管理、反邪教、文化等分榜的第一名。在地区竞争力方面，四川省、江苏省继续包揽省份政务微博竞争力排行榜前两名，广东省、浙江省、山东省分列第三至第五名。此外，安徽省、四川省分别有12个和11个城市跻身城市政务微博竞争力排行榜TOP100，浙江省、山东省则以9个城市紧随其后，江苏省、广东省、陕西省也分别有8个、8个、7个城市入围。② 2022年，政务小程序数量达9.5万个，同比增长20%，超85%的用户在日常生活、出行办事中使用政务微信小程序办理政务服务。③

---

① CNNIC中国互联网络信息中心. 第51次《中国互联网络发展状况统计报告》[EB/OL]. 中国互联网络信息中心网站, 2023-03-02.
② 人民网舆情监测室. 2018年三季度人民日报·政务指数微博影响力报告[EB/OL]. 人民网, 2018-11-12.
③ 微信&腾讯研究院. 2023行业突围与复苏潜力报告[EB/OL]. 央广网, 2023-01-10.

可见，政务微博、政务微信等新媒体已经成为政府各部门工作业绩和形象的重要表征，已经是政府治理和影响力的重要组成部分，目前已经渗透到社会生活的各个方面。

微博问政、微博执政是国家和政府治理的重要形式，它们重构了国家治理的范式，再造了国家治理的流程，重塑了国家和政府的形象。通过微博这种现代舆情表达载体的问政，其既是网络技术与国家政治相结合的新的参政形式，又是以网络为媒介和载体培植民众政治参与意识、促进民众参政方式多样化的新的传播形式。"微博在信息传播方面'传播的偏向'会影响到甚至是改变人们关注政治事件的方式，进而影响到人们的心理和行为，从而起到重组权力话语谱系、重组政治权力结构的作用。"[1] 微博问政的出现与发展势必改变了党治国理政的流程，实现了信息在党和政府与人民群众之间的代谢流动，打造了信息环境下政府"深入了解民情、充分反映民意、广泛集中民智、切实珍惜民力"的新途径和新方式，开启了媒体新时代政党执政和国家治理的新形态。

微博改变中国，以政务微博为主的政务新媒体将继续改变中国，重塑中国的政治生态。互联网引入中国20年来，还没有任何一种媒体能像微博那样赋予普通民众如此多的民主监督权利和民意表达机会。面对微博、微信、客户端等平台的兴起及其对国家治理的影响，听取民声、吸纳民意、凝聚民智，进而转变执政理念、创新执政方式，成为中国共产党获得民众支持、实现长期执政的必然要求。

党中央、国务院对"互联网+政务"和政务信息公开高度重视、精心部署，多次下发文件，对相关工作提出新要求。2013年，国务院办

---

[1] 杨波. 复杂社会网络的结构测度与模型研究 [D]. 上海：上海交通大学，2007.

公厅《关于进一步加强政府信息公开回应社会关切提升政府公信力的意见》（国办发〔2013〕100号），将"政务微博、微信"明文纳入继政府发言人制度、政府官方网站后的第三种法定政务公开形式和渠道中。自2014年开始，国办每年都将"微博"明文写入《政府信息公开工作/政务公开工作要点》中（以下简称《要点》）。① 其中，2017年《要点》使用了"新媒体"的统称，未明确点名微博、微信等媒介的具体名称，2018年则恢复"微博"明文字眼，突出了微博的地位。近年来在新媒体领域乱花迷眼的丛林格局下，《要点》恢复点名"微博"的行文，体现了国务院对新媒体与政务应用结合的相关媒介范畴的进一步重心厘清、重点界定和理性思考。

2017年1月，中办、国办印发了《关于促进移动互联网健康有序发展的意见》，提出要推动各级党政机关积极运用移动新媒体发布政务信息，提高信息公开、公共服务和社会治理水平。2017年3月，国务院办公厅发布了《2017年政务公开工作要点》，首次对政务新媒体提出包括做好在政府网站集中发布、利用新媒体主动推送、加强政策宣讲等工作要求。这些要求包括要积极通过网络、新媒体直播等实现信息的社会公开；用好管好政务新媒体，明确主体责任，健全内容发布审核机制，增强互动和服务功能，切实解决更新慢、"雷人雷语"、无序发声、敷衍了事等问题。2017年5月，国务院办公厅政府信息与政务公开办公室公布《关于进一步做好政务新媒体工作的通知》，其要求各个政务

---

① 2013年，国务院办公厅印发《当前政府信息公开重点工作安排的通知》，首次写入"微博"，提出："要充分发挥政府网站、政府公报、新闻发布会以及报刊、广播、电视、政务微博等传播政府信息的作用，确保公众及时知晓和有效获取公开的政府信息。"2016年起，原国务院"政府信息公开工作要点"改为"政务公开工作要点"。

新媒体要继续加强平台建设、做好内容发布、强化引导回应、加强审核管理、建立协同机制、完善考核监督，健全政务新媒体考核评价体系。同年11月，中共中央政治局首次审议通过了《中国共产党党务公开条例（试行）》。该文件全面系统地阐述了党中央、国务院对我国党务公开、政务服务、政府网站和新媒体等政务平台建设的总要求，充分体现了党和国家对政务新媒体工作的系统、规范和科学管理，对促进政务新媒体提升"互动与服务"功能起到了制度性、技术性和纲领性的指导作用。

2022年3月，中央网信办、工业和信息化部等部门联合印发《2022年提升全民数字素养与技能工作要点》，部署8个方面29项重点任务，进一步优化全民数字素养与技能发展的政策环境。在此背景下，我国提升全民数字素养与技能工作取得积极进展。截至2022年12月，40.7%的网民初步掌握数字化初级技能[①]，47.0%的网民熟练掌握数字化初级技能，27.1%的网民初步掌握数字化中级技能[②]，31.2%的网民熟练掌握数字化中级技能。

作为一种新型的执政方式和民主形式，微博问政可以促使党和政府听民声、纳民意、聚民智，推动改变施政理念和施政方式，最大限度地促进党和政府决策的科学化和民主化，最大限度地减少党和政府决策的纰漏或失误。我们在正视微博问政现状上，问政于民、问需于民、问计于民，积极扩大民众的知情权、参与权、表达权和监督权等各项权利，广泛吸收群众参与，虚心听取群众意见，主动接受群众评判，凝聚民

[①] 数字化初级技能：指能够使用数字化工具搜索、获取、存储、传输数字化资源的技能，如能够使用电脑进行信息搜索、文件传输等。

[②] 数字化中级技能：指能够使用数字化工具加工、处理、利用数字化资源的技能，如能够使用办公软件进行文本编辑、数据分析等。

心，集中民智，推进微博问政的常态化、制度化和规范化。这一方面可以丰富新时代人民民主的内容和形式，增强人民群众基于民主的参与感和获得感；另一方面，可以帮助党和政府反思自己的执政方式和施政行为，更好地推进执政方式的变革，提高执政的效率和水平。可以说，微博问政对执政党，既是一个大的挑战，考验其执政智慧，又是一个大的机遇，执政党如果能把握机遇，反而会大幅度提高执政水平。

2004年9月，中国共产党十六届四中全会通过了《中共中央关于加强党的执政能力建设的决定》（以下简称《决定》），这可能是中国共产党自1978年十一届三中全会以来最重要的会议和文件之一。《决定》指出："我们必须居安思危，增强忧患意识，深刻汲取世界上一些执政党兴衰成败的经验教训，更加自觉地加强执政能力建设。"[①] 大力加强执政能力建设，"这是关系中国社会主义事业兴衰成败、关系中华民族前途命运、关系党的生死存亡和国家长治久安的重大战略"[②]。中国共产党已经从一个革命党转变为一个执政党，如何遵从世界政党发展规律和共产党执政规律，不断创新领导方式和执政方式以增强党的长期执政能力，就成了党建设好自身、治理好国家的重要一环。党的执政能力建设关系到党的治国理政能力和综合治理能力，并最终影响到党的执政合法性。

中国共产党执政方式的变革创新既是一个重大的理论问题，又是一个复杂的实践问题，迫切需要系统深入的探索。在微博问政条件下，中国共产党如何把握执政规律、微博发展规律实现党的执政方式创新和治国理政功能再造，则是新时代中国共产党执政方式创新的一个新的课题。

---

① 中共中央关于加强党的执政能力建设的决定[N]. 人民日报，2004-09-27（1）.
② 中共中央关于加强党的执政能力建设的决定[N]. 人民日报，2004-09-27（1）.

二、研究意义

党的十九大报告指出:"全党要更加自觉地坚定党性原则,勇于直面问题,敢于刮骨疗毒,消除一切损害党的先进性和纯洁性的因素,清除一切侵蚀党的健康肌体的病毒,不断增强党的政治领导力、思想引领力、群众组织力、社会号召力,确保我们党永葆旺盛生命力和强大战斗力。"① 习近平总书记在庆祝中国共产党成立95周年大会上指出:"坚持不忘初心、继续前进,就要保持党的先进性和纯洁性,着力提高执政能力和领导水平,着力增强抵御风险和拒腐防变能力,不断把党的建设新的伟大工程推向前进。"② 改进和创新党的执政方式、提高党的执政水平,成为增强党的执政能力、巩固党的执政地位、实现党的执政使命的必然要求和应有之义。

随着互联网技术和传媒技术的迅猛发展,微博以其低门槛、低成本、互动性、快捷性等优势参与政治生活中,影响大众的政治判断、政治心理和政治行为,逐渐形成"微博问政"现象。特别是近年来,伴随着大数据、人工智能等信息技术的快速普及,微博、微信、客户端等平台兴起,政务自媒体成为中国政治发展和政治生活的重要组成部分。以微博问政兴起为标志的政务新媒体嵌入国家政治生活中,为中国共产党执政方式的科学化、民主化和法治化进程带来了机遇和挑战。在新时代,如何顺应世情国情党情的变化以及满足"微博问政"的要求,科学有效地利用、引导和规范以微博为代表的政务自媒体,进而改进和创

---

① 中国共产党第十九次全国代表大会文件汇编[M].北京:人民出版社,2017:13.
② 习近平.在庆祝中国共产党成立95周年大会上的讲话[N].人民日报,2016-07-02(2).

新党的执政方式，提高党的自身建设的质量和水平，成为中国共产党在网络化时代面临的重要课题。

首先，本书描述自2009年网络问政兴起，到2010年微博元年"两会微博"试水，再到微博问政逐渐被广大网民和党政机构广泛接受和认可的发展历程，分析微博问政的作用机制、基本特征和发展趋势。其次，引入SWOT分析法，分析蓬勃发展的微博问政为中国共产党执政带来的机遇、风险和挑战，探寻微博问政与中国共产党改进和创新执政方式的契合点和结合点。最后，确立中国共产党所具有的先进性（内在优势）与微博问政兴起带来的机遇（外在机会）有机结合的策略，探讨中国共产党应对机遇、风险和挑战，改进和创新执政方式的路径、方法和对策。本书的意义在于以下三方面。

第一，有利于拓展中国共产党自身建设研究的领域和内容，深化在面临"四种危险""四大考验"背景下对中国共产党执政方式转变问题的研究。

党的十九大报告指出："善于结合实际创造性推动工作，善于运用互联网技术和信息化手段开展工作。"① 习近平总书记指出："为了实现我们的目标，网上网下要形成同心圆。什么是同心圆？就是在党的领导下，动员全国各族人民，调动各方面积极性，共同为实现中华民族伟大复兴的中国梦而奋斗。"② 这都要求党要适应以微博为代表的政务自媒体发展壮大的要求，以改革创新的勇气不断加强党的自身建设。

以微博为代表的政务自媒体的发展壮大，一方面，倒逼中国共产党

---

① 中国共产党第十九次全国代表大会文件汇编［M］. 北京：人民出版社，2017：55.
② 习近平. 在网络安全和信息化工作座谈会上的讲话［N］. 人民日报，2016-04-26（2）.

适应网络化、信息化发展的要求，不断调整执政理念、执政方式，创新互联网条件下中国共产党执政能力提升的途径和方式，总结中国共产党自身建设的做法和规律；另一方面，有利于中国共产党深刻把握中国特色社会主义建设规律和中国共产党执政规律，形成在网络空间中中国共产党和人民群众之间的良好互动关系，提高党治国理政的能力，推进国家治理体系和治理能力现代化，丰富党治国理政的经验。由此可见，研究微博问政与中国共产党执政方式的创新，能够拓展中国共产党自身建设的领域和范围，丰富中国共产党自身建设研究的内容。

第二，有利于总结中国共产党执政能力提升的经验和规律，为各级领导干部适应以微博为代表的政务自媒体发展趋势、提高执政能力提供行动指南。

提高党的领导水平和执政水平，增强党治党管党、治国理政、拒腐防变和抵御风险的能力，更好地保持党的先进性和纯洁性，是各级领导干部必须面对的现实问题。习近平总书记要求："网民来自老百姓，老百姓上了网，民意也就上了网。群众在哪儿，我们的领导干部就要到哪儿去，不然怎么联系群众呢？各级党政机关和领导干部要学会通过网络走群众路线，经常上网看看，潜潜水、聊聊天、发发声，了解群众所思所愿，收集好想法好建议，积极回应网民关切、解疑释惑。"① 领导干部要想遵循科学性、富有创造性地开展工作并非易事，必须把握这其中的规律。

本书坚持历史与逻辑、理论与实践的高度统一，深刻分析蓬勃发展的微博问政为中国共产党执政带来的机遇、风险和挑战，并提出中国共

---

① 习近平. 在网络安全和信息化工作座谈会上的讲话 [N]. 人民日报，2016-04-26 (2).

产党适应微博问政要求，创新执政方式的对策建议，为各级领导干部把握互联网条件下中国共产党加强自身建设的规律提供理论参考，有利于各级领导干部在实践中更好地开展工作。

第三，有利于总结政务自媒体兴起背景下中国共产党自身建设的经验和规律，为世界其他政党特别是马克思主义政党增强执政能力提供经验。

如何适应网络环境的变化，加强执政党自身建设、提高执政的水平，是世界各国政党面临的共同课题。作为马克思主义政党的中国共产党，它的宗旨是为人民服务，而政务自媒体兴起就是助力人民群众参与国家治理、增进党和人民群众关系的重要契机，也为中国共产党以自我革命的勇气开拓创新、创造执政方式新格局提供了机会。我们深入研究政务自媒体兴起背景下中国共产党自身建设的做法，总结政务自媒体兴起背景下执政党建设的中国经验和中国智慧，可以为世界上其他政党实现可持续执政提供理论和实践参考。

第二节 研究综述

2010年被称为微博元年，微博的国内访问用户达1.25亿，且呈现井喷发展之势。随着微博的兴起，关于微博、微信以及其他自媒体对社会政治经济生活影响的研究逐渐增多，其中也涉及微博问政、微时代与中国共产党执政策略的转变等内容。大致而言，其可以分为三个阶段。

一、萌芽阶段（2010年之前）

在这个阶段，随着互联网的兴起，"互联网+"成为学术界关注的热点问题，很多学者开始关注互联网的兴起对政府管理方式的挑战和机遇。金太军著《电子政务与政府管理》，介绍了网络时代政府管理新范式、网络时代的政府组织结构、网络时代政府管理伦理等内容，阐释了互联网嵌入政府管理的流程中的再造功能。① 丁俊杰等主编《网络舆情及突发公共事件危机管理经典案例》，针对政府部门在网络舆情的收集分析、监测研判、回应沟通、引导说明和危机管理过程中出现的简单化、粗放型做法，提出应从主观判断迈向客观分析和量化管理，建立定向分析、定量研究与有效管理体系，客观研判网络舆情及突发公共事件的形式，科学应对危机管理。② 该书选择"天价烟民——周久耕事件""冒名顶替——罗彩霞事件"等典型事件，从事件简述、进程实录、传播路径、舆情源头、网络传播、官方回应、舆情分析、评论文章、各方点评等方面进行了分析，力图客观、全面总结网络舆情应对的经验教训。值得一提的是，党建读物出版社还出版了《与领导干部谈互联网》③ 一书。该书分别从互联网的兴起和发展、国际上互联网的发展和管理、我国互联网的发展情况、网络经济、网络政治、网络文化、虚拟空间、我国互联网发展面临的挑战、我国互联网的管理九方面，阐述了世界互联网的发展和我国网络文化的建设与管理，有助于领导干部把握

---

① 金太军. 电子政务与政府管理 [M]. 北京：北京大学出版社，2006：1-163.
② 丁俊杰，张树庭. 网络舆情及突发公共事件危机管理经典案例 [M]. 北京：中共中央党校出版社，2010：1-319.
③ 《与领导干部谈互联网》编写组. 与领导干部谈互联网 [M]. 北京：党建读物出版社，2007：1-210.

互联网的特点和发展趋势，提高治理能力。黄平主编的《政府机关上网指南：网络时代的政府决策、管理与服务》①，其功能大致与《与领导干部谈互联网》一书相同，它们都是知识普及读物。

随着互联网的发展，学者关于互联网与政府治理、中国共产党执政能力建设的研究增多，这为开展微博问政与中国共产党执政方式的研究奠定了理论基础，提供了方法论参考。

二、探索阶段（2011—2016）

在这个阶段，随着微博的兴起，我国探讨微博兴起对政府治理、中国共产党执政能力建设影响的研究增多。喻国明等所著《微博：一种新传播形态的考察：影响力模型和社会性应用》一书梳理了微博产生的历史，总结了微博传播的特点，明确提出"微博的影响力本质其实是对信息资源的一种整合力和凝聚力"的重要判断，并且用较为翔实的数据分析了未来微博发展的趋势及对人们经济社会文化生活的影响。② 该书还附有调查研究报告，起到了佐证作用。该书作者及其团队用最具影响力的嵌套学说对微博的发展逻辑及价值本质进行了深入探讨，并对新浪微博个人用户及福特、凡客诚品等企业用户进行深度访谈，提出了一整套关于微博的中国本土化应用的行动路线图式的战略与策略，它可以说是微博本土化研究的开山之作。2011年，李开复撰写的《微博：改变一切》③ 一书出版，它带有个人体验性的言说方式吸引了很多人的关注，

---

① 黄平. 政府机关上网指南：网络时代的政府决策、管理与服务［M］. 北京：京华出版社，1999：1-665.
② 喻国明. 微博：一种新传播形态的考察：影响力模型和社会性应用［M］. 北京：人民日报出版社，2011：1-297.
③ 李开复. 微博：改变一切［M］. 上海：上海财经大学出版社，2011：1-190.

普及了微博文化。后来的《微博控·控微博》《政府如何开微博》等也是普及类的书籍。其中,《政府如何开微博》主要从什么是微博、政府为什么要开微博入手,进一步就政府开通微博的具体步骤和发布信息的方式加以说明,尤其重点介绍了政务微博的功能和政务微博信息发布规则,以及党政干部个人微博的注意事项。另外,这一时期还有吴胜武等所著的《政府是平的:微博问政改变了谁》、薛国林等所著的《政府官员开微博的16个要诀》、邹建华所著的《微博时代的新闻发布和舆论引导》、徐辉和元章所著的《大数据时代党员干部的12堂必修课》、严宏伟著的《微媒体舆论引导:策略·方法·案例》、侯锷等编著的《微政时代:政务微博实务指南》等。

  这一时期,学者对执政党如何应对微博问题提出了思考。廖小言在《人民日报》发表《"微时代"执政者要有创新思维》,其对很多微博现象进行了分析,指出:"微博连着微民意,再'微小'的民意也应是执政者眼中的大问题。微博时代,敢用、会用、善用微博,熟悉、关注、驾驭微博,是执政者必须具有的素养。敢用微博,政府于无声处即时听到民间多层面真实的声音,防止意见失序和累积爆发。会用微博,将问题发现在萌芽,解决在最初,防止社会问题扩散与蔓延。善用微博,与数以亿计的庞大群体有益互动,回应社会变迁中的问题与困惑。执政者通过熟悉微博、关注微博、驾驭微博,可以清醒判定微博中的是非真伪,通过改革不断完善制度,提高执政能力。遇到突发事件,抢先发声,可以争取主动,回应关切,有效应对。"① 林燕在《紫光阁》2011年第9期上发表《微时代,执政能力的新考验》一文,强调:"这

---

① 廖小言."微时代"执政者要有创新思维[N].人民日报,2011-10-18(14).

一切,既在考验着执政者的社会管理水平,也为社会管理创新带来新的契机。……得益于多年的网络问政经验,有些地方政府已经初步找到与博友互动的规律,并认为下一步是微博问政进入常态化、制度化的阶段。"① 黄丽萍、赵宬斐在《中国社会科学报》发表《微时代对执政策略提出新的要求》一文,提出:"随着社会民主程度的日益提高,媒介的日益开放与新媒体的普及,民众的意见市场空前活跃,对时政问题、切身利益更加关注,这也为执政党如何适应愈加复杂多变的现实社会提出了严峻的考验,要求执政党积极探索微时代中党的执政、治理模式,积极引导与提升微时代中公民的媒介素养,加强微时代中执政党的议程设置能力,积极探索与建构微时代的多中心治理结构,提升微时代中'问政'的深度与质量。"② 权威主流媒体的发声对促进微时代中国共产党执政能力的提升提出了要求,推进了微时代对中国共产党自身建设问题的研究。

另外,一些系统研究微博问政与政治能力建设的论述出现。比如,谭波的硕士论文《政务微博与政府执政能力建设问题研究》提出,微博"已经并将继续成为促进政府与民众交流的新渠道,并成为提高我国政府执政能力的一把利器"③,建议各级政府应该正视民意诉求,建立民意吸纳机制,加强微博综合管理,强化微博奖惩机制,尽可能地完善政务微博这个新平台,最终提高政府执政能力,以便更好地为群众服务,共同构建一个和谐的社会主义社会。徐继华等所著的《智慧政府:大数据治国时代的来临》一书在推进国家治理体系和治理能力现代化

---

① 林燕. 微时代,执政能力的新考验 [J]. 紫光阁, 2011 (9): 7-8.
② 黄丽萍, 赵宬斐. 微时代对执政策略提出新的要求 [N]. 中国社会科学报, 2013-02-08 (2).
③ 谭波. 政务微博与政府执政能力建设问题研究 [D]. 长沙: 湖南师范大学, 2013.

的视域下，思考大数据为政府治理带来的风险和挑战，强调大数据不仅是一种海量的数据状态及其相应的数据处理技术，还是一种思维方式，它为智慧政府的打造打开了大门，提供了实现成本收益最佳组合的钥匙。该书分析了西方发达国家实施大数据战略的相关经验，介绍了大量发展中国家的有效做法。① 何旭在其硕士论文《新时期中国共产党运用微博密切党群关系研究》中分析微博的基本特征，论述了微博快速发展给党群关系带来的机遇和挑战，提出了新时期中国共产党运用微博密切党群关系的路径。② 翟军所著的《关联政府数据原理与应用：大数据时代开放数据的技术与实践》一书则介绍了关联数据（Web 3.0）开放政府数据的主要流程和关键技术，为电子政务提供了技术支撑。③

较为突出的成就是黄丽萍的《媒介化时代党的执政能力研究》④ 和李辉的《信息网络时代中国共产党执政效率研究》⑤ 的出版。黄丽萍针对"治理媒介化"的时代"全民围观"现象，分析了媒介化时代对执政党执政策略、话语体系建设、政党形象塑造的挑战，提出了中国执政党应对媒介化时代进行"适应性"变革和转型的对策。《媒介化时代党的执政能力研究》比较明确地提出了新媒体时代执政党自身建设问题，并进行了分析，是国内比较早地专门论述微时代执政党建设问题的著

---

① 徐继华，冯启娜，陈贞汝. 智慧政府：大数据治国时代的来临 [M]. 北京：中信出版集团股份有限公司，2014：1-246.
② 何旭. 新时期中国共产党运用微博密切党群关系研究 [D]. 桂林：广西师范大学，2014.
③ 翟军. 关联政府数据原理与应用：大数据时代开放数据的技术与实践 [M]. 北京：电子工业出版社出版，2016：1-242.
④ 黄丽萍. 媒介化时代党的执政能力研究 [M]. 北京：中央编译出版社，2014：1-210.
⑤ 李辉. 信息网络时代中国共产党执政效率研究 [M]. 北京：光明日报出版社，2016：1-193.

作。李辉则从执政效率的微观角度阐释了信息网络时代中国共产党的自身建设问题，研究得较为细致和具体，他的研究是网络时代党的自身建设研究走向微观的重要体现。

一些代表性论文也阐释了微时代党的自身建设问题。

一是微博问政的积极政治效应分析。多数学者看到了微博的出现对推动党的执政能力建设和政府治理方面的重要作用，认为微博问政的优势在于听取群众呼声更便捷，能够发挥问计于民、新闻发布、政策法规宣传等方面的作用。诸多研究对微博问政与社会治理的关系进行了分析，如孙光宁探讨了微博问政在提升公民参与政治生活方面的价值意义[①]；沈亚平等提出利用和引导微博更好地实现信息时代政府管理的创造性改变，有利于完善政府行为取向和方式选择的矩阵[②]。极少学者对微博问政与党执政方式转变的问题进行了探讨，如陈文胜提出微博问政有利于扩大民众的知情权、参与权、表达权和监督权等，能够推进党的执政方式创新。[③]

二是微博问政存在问题和局限性分析。微博问政存在诸多局限性。学者主要从微博问政涉及的两个主体——网民和党政机构方面来分析。其一，网民方面。网民数量大，他们的素质参差不齐，他们容易受不对称信息的影响而丧失正确的政治判断。蒋东旭等说，网民的政治参与往往具有无序性，当一种错误的声音通过网络迅速放大汇成舆论时，这往

---

① 孙光宁. 公民参与理论视角下的"微博问政"[J]. 社会主义研究，2011（3）：39-42.
② 沈亚平，董向芸. 微博问政对于政府管理的价值与功能分析[J]. 南开学报（哲学社会科学版），2012（3）：134-141.
③ 陈文胜. "微博问政"与党的执政方式创新[J]. 兰州学刊，2011（12）：29-33.

往会掩盖真相、扭曲真相，甚至出现网络暴力。① 其二，开通微博的党政机构和官员方面。有些党政机关和人员对微博的重视程度不够，呈现出虚热和作秀的倾向。张鹞深入探讨了我国微博问政面临的诸多风险，包括能否有效运用微博问政的风险、能否有效应对其他参与者的风险、第三种力量介入的政治风险等。②

三是微博问政面临问题的应对策略分析。针对微博问政的现状及其可能带来的负面效应，学者从不同角度和层面提出了应对之策。陈文胜从法律、技术、网络环境等方面给出了对策③，宫秀川则提出微博问政的规范化发展需从颁布微博管理法规、完善微博运行机制、提升领导干部媒介素养以及培育"网上执政能力"三方面入手④。

三、蓬勃发展阶段（2017年至今）

《关于在政务公开工作中进一步做好政务舆情回应的通知》（2016）、"成都共识十条"（2017）、《关于进一步做好政务新媒体工作的通知》（2017）、《2018年政务公开工作要点》等的发布，标志着以政务微博、政务微信、政务抖音为代表的政务新媒体时代到来。张海涛、闫奕文所著的《政务微信信息传播机理及效果评价》⑤ 一书基于信息生态理论，分析了政务微信信息传播的机理，提出了包括信息、信息人、信息技

---

① 蒋东旭，严功军. 微博问政与公共领域建构 [J]. 新闻研究导刊，2010（4）：40-42.
② 张鹞. 微博问政的力量与风险 [J]. 中国党政干部论坛，2011（11）：21-25.
③ 陈文胜. "微博问政"与党的执政方式创新 [J]. 兰州学刊，2011（12）：29-33.
④ 宫秀川. 我国"微博问政"的规范化发展 [J]. 中共中央党校学报，2012（4）：67-70.
⑤ 张海涛，闫奕文. 政务微信信息传播机理及效果评价 [M]. 北京：中国书籍出版社，2019：1-218.

术、信息环境的政务微信信息传播模型;采用文献综述和德尔菲法初步筛选了政务微信信息传播的影响因素,归纳了政务微博传播的结构特性及演化特征,并提出了基于 BP 神经网络的政务微信传播效果评价方法;针对当前政务微信信息传播过程存在的生态性问题,提出了政务微信信息传播的生态化优化策略。该书标志着人们对政务微博的研究将走向更加微观的领域。

这一时期关于政务新媒体时代中国共产党自身建设的研究主要体现在以下两方面。

(一) 政务新媒体时代执政党意识形态建设研究

随着互联网深度嵌入人们生产、学习和生活中,进而使人们接受习惯、思维方式和价值观念不同程度的变迁,以及世界互联网大会的召开和"网络空间命运共同体""网络强国"等思想的提出,执政党意识形态建设成为研究热点。

1. 意识形态话语权建设

在意识形态斗争日趋激烈的网络空间中,争夺"话语权"成为掌握意识形态领导权的重要手段。一方面,话语"作为交流和社会互动的主要工具,无法摆脱意识形态的影响"[1];另一方面,"意识形态在很大程度上是通过文本和话语再现的"[2]。在阶级社会里,一定阶级的意识形态会通过某种特定的话语体系表达出来,体现权力属性和权威特征。首次将"话语权"作为独立概念提出的是法国哲学家福柯,他将"话语"和"权力"联系在一起,指出话语不仅是思维符号、交际工

---

[1] PRISHTINA S M. Language and Ideology in the Context of Language Policy of Albanian Language [J]. Journal of Educational and Social Research, 2018, 8 (2): 125-132.

[2] DIJK T A V. Politics, Ideology, and Discourse [J]. Encyclopedia of Language & Linguistics, 2006 (11): 728-740.

具，还是一种权力。"按照福柯的分析，影响、控制'话语'运动的最根本的因素是权力。'话语'与权力是不可分的，真正的权力是通过话语来实现的。"① 西方学者拉克劳、墨菲、布尔迪厄等也从多个角度论及话语权的问题。

我们想要提升中国共产党微场域主流意识形态话语的领导力和影响力，须在准确把握网络意识形态话语权新特征和发展规律的基础上，创新网络意识形态话语权的实现路径。学者的研究主要分为三方面。一是话语内容。网络意识形态的话语内容要体现出对社会现实的关照，注重对现实问题的分析和解释。关于网民普遍关注的社会现实问题，意识形态工作者应主动在网络上设置相关议题，将主流意识形态的话语内容嵌入其中，形成"主流意识形态话语聚焦、生长、发展的'圆心'"②。在分析议题时，我们应该将主流意识形态教育与人民群众的现实利益及日常生活结合起来，在"理论掌握过程"中产生"物质力量"，增强话语的时代生命力。二是话语传播。网络意识形态话语权的巩固不仅仅是靠话语内容的现实吸引力，还要依赖话语的传播力。其一，在传播模式上，要由传统自上而下的单向传播模式，转向多向度的网络传播模式，由偏重于"自说自话"、单向灌输，转向尊重受众的主体地位、充分考虑网民利益诉求与接收习惯的双向互动。其二，在传播渠道上，要打破过于单一化、均一化的局面，注重传播的"差异化、分众化"③。例如，自媒体时代，主流媒体可以利用微博、微信公众号、头条号、抖音等自

---

① 王治河. 福柯 [M]. 长沙：湖南教育出版社，1999：182.
② 陈娜. 论提升网络意识形态话语权的四重维度 [J]. 思想理论教育，2017（6）：75-81.
③ 魏建克，张月清. 中国共产党网络意识形态话语建构与传播 [J]. 华北水利水电大学学报（社会科学版），2018，34（2）：30-34.

媒体传播平台,使主流意识形态话语覆盖更多的受众。其三,在传播形式上,要注重语言表达形式的创新。意识形态话语权在网络上的争夺主要就是语言和符号在意义生成上的争夺。① 马克思主义、社会主义核心价值观等主流意识形态内容,必须通过适宜的语言才能展现出来,并产生效力。以网络语言为切入点提升网络意识形态话语权,能够贴近时代要求和受众的接受心理,提升意识形态话语传播的影响力和实效性。三是信息监控。网络信息突发性强、覆盖面广、传播快,如果处理不够及时,可能会发生政治性事件。有学者提出:"通过建立网络安全监控和分析评估机制,增强网络安全把控和态势的感知能力;通过建立大数据语言研判和情报共享机制,增强信息共享和风险预警能力;通过建立网络行为动态捕捉和网络安全危机处理机制,增强威胁防范和危机处理能力。"② 总体而言,网络意识形态话语权的实现,需要三方面协同推进,其中话语内容是核心,话语传播是重要手段,信息监控是保障。

2. 意识形态传播机制构建

一种意识形态能够成为主流意识形态,并且被民众所接受,不仅取决于自身的科学性和真理性,还取决于普及性和可接受性。不论线上线下,"社会吸引力是意识形态领导力的组成要件"③。我们想要推进主流意识形态被民众所认可、接受并转化为自觉信仰和行动,需要构建起意识形态与民众之间的传导机制。在互联网时代,以数字技术为基础、以

---

① 夏一璞. 互联网的意识形态属性 [M]. 北京:首都经济贸易大学出版社,2015:148.
② 邓验,张蕊莹. 大数据时代国家意识形态话语权建构的逻辑进路 [J]. 思想教育研究,2018 (1):52-56.
③ 杨文华. 网络空间中主流意识形态领导力提升的三级维度 [J]. 上海行政学院学报,2012,13 (4):13-19.

网络为载体进行信息传播的新媒体带来了主流意识形态传播载体和方式的"颠覆性"变革。如何应对这一变化,构建起适宜的网络意识形态传播机制,成为学术界关注的焦点。其研究主要可以总结为三方面。

其一,大众体验机制。新媒体时代,信息的传播跨越了时空障碍,实现了生产主体的多元化、输送传达的即时性、覆盖范围的广泛性。社会个体既是信息的接受者和共享者,也是信息的制造者和传播者,其主体性得以张扬。一方面,他们只需借助手机、电脑等终端,就可以接收到纷繁芜杂的各类信息,并在政治判断、价值选择和德性修养等方面不自觉地受到影响;另一方面,他们在虚拟空间中表达自己的观点和看法,影响着某个场域、圈子中社会个体的政治判断、价值选择和德性养成。虚拟空间的这种主体性更多地表现为"体验主体",也就是"人们通过虚拟空间去体验自我"。相应地,虚拟空间中意识形态的传播要配合人们这种"体验式的生存状态",构建网络意识形态传播的大众体验机制。[①] 具体而言,一是构建生活化的体验机制。把握新媒体信息传播规律,充分发掘微博、微信等媒体平台上引起网民关注的生活热点问题,找准"意识形态与人们日常生活的结合点或契合点"[②],实现主流意识形态宣扬的核心价值与人们核心利益和价值诉求的统一。二是构建通俗化的体验机制。意识形态特别是主流意识形态要想被广大人民群众尤其是基层群众接受和理解,必须增强主流意识形态话语表达的亲和

[①] 王涛,姚崇. 网络虚拟空间社会主义意识形态传播及其建设研究[J]. 北京师范大学学报(社会科学版),2017(2):99-109.

[②] 刘世衡. 自媒体领域我国社会主义意识形态传播策略[J]. 湖南社会科学,2016(4):42-45.

力,"让受众听得懂、听得进、听了信,产生情感共鸣和内心认同"①。三是构建感性化的体验机制。新媒体时代,理性至上、以文字为载体的逻辑化、系统化的信息编辑和传播方式逐渐让位于以感性体验为主的,以虚拟的图像、音频为载体的信息编辑和传播方式。普通大众可以参与主流意识形态的传播过程,并充分发挥个人的创造性,运用音频、动画、视频、H5页面、VR(虚拟现实)等,"把理论形式的意识形态所蕴含的价值理念和意义指涉,以感性形式呈现出来"②。这样可以弥补意识形态宣传过于理论化、抽象化的不足,也契合网民接受信息时的"情绪化判断、实用性心理以及娱乐性心态"③。

其二,交互传播机制。在传统媒体格局下,信息的发布者和接受者之间有着严格的界限,主流意识形态的传播主要是通过权威组织自上而下、由点到面单向进行的。自媒体的出现则打破了这种界限,"多元的传播通道,多元化的传播主体,去中心、去权威的非线性交互传播模式",颠覆了信息在发布者和接受者之间自上而下的线性传播关系,信息在"传""受"主体之间可以"水平流动",实现"平面化价值沟通和信息传播"。④ 我们要适应意识形态传播格局的新变化,一方面,要整合意识形态传播资源,搭建信息交互传播平台,实现主流媒体和普通大众之间的双向互动。我们要充分发挥微博、微信公众号、头条号等平

---

① 邢晓红. 新媒体境遇下提升我国主流意识形态传播力的研究 [J]. 南京师大学报(社会科学版), 2016 (6): 11-18.
② 李海, 范树成. 论我国主流意识形态传播新机制的建构 [J]. 求实, 2014 (7): 46-49.
③ 谢玉进, 赵玉枝. 网络主流意识形态传播的基本矛盾与优化策略 [J]. 思想理论教育, 2018 (8): 75-80.
④ 雷洋. 自媒体时代主流媒体意识形态传播方式的两个转变: 从大众化和感性化的趋势性变化说起 [J]. 新闻爱好者, 2017 (10): 9-13.

台的宣传作用，扩大大众的参与渠道和互动范围。例如，微博平台的转发功能实现了信息的多级流动，热门话题、最新信息的推荐功能实现了信息跨人际关系网络的传播，这无疑有助于增强网民的信息传播能力，激发网民的参与热情，促进主流意识形态在大众之间更快和更广范围的传播。另一方面，要最大限度地推进传统媒介与"微媒介"的"媒介融合"，打破各大舆论场之间的"媒介隔阂"，实现各大舆论场之间的互动融通。[①]我们要将新媒体传播的即时互动性与传统主流媒体的权威性相结合，实现新媒体和传统媒体之间信息的及时共享、融合、互补，形成良性的循环机制。

  其三，舆论引导机制。新媒体一方面，拓宽了网民参与舆论表达的空间，实现了舆论发声的多渠道；另一方面，也增加了网络意识形态安全风险，因为"孤立的风险往往因网络的传播而放大"[②]。执政党要因势利导，应对这种情况，必须构建起良好的舆论引导机制。根据学者的研究，一方面，执政党要用好权威媒体，提升主流意识形态的领导力。权威媒体具有专业性和主导性，能够反映政党和政府的意志。在纷繁复杂的网络舆论场中，权威媒体首先要善于收集网络场域中的舆论热点和焦点，明确网民关切什么、困惑什么、表达什么。其次，权威媒体要及时发声，通过专业且严谨的调查、分析，得出客观、真实的结论，抢占传播主动权，掌握舆论话语权。最后，权威媒体可以据此在其新媒体平台上主动设置相关议题，同时"根据用户的接受习惯对传统主流媒体

---

① 鲍宗豪，刘海辉."微空间"价值失序与意识形态领导权的建构[J]. 思想理论教育，2018（4）：82-86.
② SHAH D, ZAMAN T. Rumors in a Network: Who's the Culprit? [J]. IEEE Transactions on Information Theory, 2011, 57（8）：5163-5181.

生产的内容进行个性化表达,使其内容具有用户黏着度"①,吸引更多新媒体平台转载,扩大影响范围,引导舆论走向。总之,我们既要通过"深度报道"以及"新闻评论",突出传统主流媒体的专业性和权威性优势,也要发挥新媒体平台信息传播的速度和规模优势,二者"互相呼应与支撑,共同作用于新媒体环境下的网络舆论"②。另一方面,要重视网络"意见领袖"的作用,发挥其桥梁和纽带作用。根据"两级传播"学说,信息观点往往由大众媒介传递给"意见领袖",再由"意见领袖"传递给其他不太活跃的受众,故民间"意见领袖"在意见表达和舆论引导中的作用不可替代。尤其是拥有庞大粉丝、引领舆论走向、深谙传播技巧的网络"意见领袖",他们通过共享信息、意见表达以及评论自觉不自觉地影响着网络舆论的发展方向。基于此,有学者提出要把握"意见领袖"群体在网络意识形态建设中的角色定位,通过"加强对意见领袖的主流意识形态教育、搭建和网络'意见领袖'的沟通平台、注重特殊背景的网络'意见领袖'、培养主流意识形态影响下的网络'意见领袖'"③等多种手段,发挥其对主流意识形态传播的"助推器"作用。

3. 意识形态治理策略

针对新媒体时代信息交互传播、虚拟与现实深度融合等特征,有学

---

① 计永超,刘莲莲. 新闻舆论引导力:理论渊源、现实依据与提升路径 [J]. 新闻与传播研究,2016,23(9):15-26,126.
② 张晓月. 新媒体环境下主流媒体舆论引导责任及其路径优化 [J]. 重庆邮电大学学报(社会科学版),2014,26(2)93-97.
③ 侯新立. 网络政治化背景下的主流意识形态传播研究 [J]. 国际新闻界,2016,38(11):161-173.

者将网络意识形态的治理模式概括为"协同化""扁平化""智能化"①。"协同化"治理指各意识形态治理主体在价值判断上要保持一致,在数据共享上要保持互动和协作;"扁平化"治理强调实现党政机关和普通大众的直接对话,减少中间层级,形成扁平化的双向沟通渠道;"智能化"治理利用先进的网络技术提升治理效率。亦有学者总结了网络意识形态治理的基本原则,他们的观点有所差异。比如,"五原则说",包括"一元主导与多元共治相统一、以德治理与依法治理相统一、主流引导与兼容并包相统一、系统治理与源头治理相统一、积极主动与联合融动相统一"②,以及"主动出击、包容引导、渗透融合、疏堵相伴、软硬兼施"③ 两种观点;"四原则说",包括"知己知彼,高度警觉""积极应对,疏堵结合""遵循规律,寓教于乐""与时俱进、着力创新"④。"五原则说"和"四原则说"尽管表述不同,但内涵大同小异,都体现了网络意识形态治理"活力"和"有序"相结合的原则,都融入了法治化、协同化、柔性化的治理理念。

互联网技术的快速发展以及云计算的广泛应用,将整个社会带入了大数据时代中。海量的数据模块、快速的数据流转、动态的数据体系、多样的数据类型和巨大的数据价值是大数据的基本特征,我们利用大数据技术可以实现海量数据的储存、分类、挖掘和筛选。"大数据的核心

---

① 郑元景. 大数据环境下我国意识形态安全风险与治理策略 [J]. 中国社会科学院研究生院学报,2016 (5): 17-22.
② 苗国厚. 中国网络意识形态治理研究 [D]. 成都: 电子科技大学,2017.
③ 张晓丽. 论网络环境下社会主义意识形态建设的基本原则 [J]. 中共云南省委党校学报,2011,12 (5): 41-43,101.
④ 张志辉. 网络条件下意识形态建设研究 [D]. 天津: 南开大学,2010.

就是预测","是把数学算法运用到海量的数据上来预测事情发生的可能性"①,这种预测为网络空间治理提供了重要参考。随着社交网络的兴起和技术的发展,我们"从人们在社交网站无意中留下的数据中识别背后的行为模式越来越有助于预测未来的行为"②,而且大数据技术还可以"通过扩展相互关联的数据集和分析工具来加强监控"③。有学者将大数据技术在网络意识形态治理领域的功能概括为三方面:主动引领,牢牢掌握网络意识形态安全治理的话语权;精准识别,切实提升网络意识形态安全治理的针对性;整体治理,着力提升网络意识形态安全治理的科学性。④也就是说,发挥大数据技术快速的数据捕捉和数据处理能力,我们可以获取大量有价值的数据统计样本,然后对海量数据进行精准高效的分类整理,并对相互关联的数据集进行比对,来完成网络意识形态现状的分析以及风险和趋势的预测,避免"灰犀牛"和"黑天鹅"事件。"技术作为潜在的意识形态也侵入了那些不过问政治的群众的意识中,并且还形成了一种合法的努力。"⑤ 大数据技术作为互联网时代的重要技术形式,能够嵌入网络生活世界中,挖掘出意识形态的"符号"并形成规律性认识,同时作为"潜在意识形态"影响人们的价值观念、政治判断,以"技术意识形态"面目呈现。

---

① 迈尔-舍恩伯格,库克耶. 大数据时代 [M]. 周涛,等译. 杭州:浙江人民出版社,2013:16.
② VAN DIJCK J. Datafication, dataism and dataveillance: Big Data between scientific paradigm and ideology [J]. Surveillance & Society, 2014, 12 (2):197-208.
③ LYON D. Surveillance, Snowden, and big data: Capacities, consequences, critique [J]. Big Data &Society, 2014, 1 (2):1-3.
④ 蒲清平,范海群,赵楠. 基于大数据的网络意识形态安全治理研究 [J]. 学校党建与思想教育,2017 (10):22-24, 30.
⑤ 哈伯马斯,赵鑫珊. 作为"意识形态"的技术和科学 [J]. 哲学译丛,1978 (6):24-29.

（二）政务新媒体时代执政党民主建设研究

微博问政本质上就是扩大民众的参与权、知情权和监督权，是政府和民众在社会政治生活中的一种新型互动关系，是人民民主的一种新体现。

部分学者研究了微博问政背景下执政党的民主建设问题。孙忠良的专著《"微博问政"与执政党的民主建设研究》是这方面研究的代表之作。该书分析了"微博问政"与执政党民主建设之间的互动关系，并从"微博问政"与中国公民的政治参与、"微博问政"与执政党的群众路线、"微博问政"与执政党反腐体制机制的创新、"微博问政"与政务微博的语言艺术、"微博问政"与网络"意见领袖"的管理和引导、"微博问政"与民主党派的角色定位等方面论述了微博问政背景下执政党民主建设的现状和对策，对全面把握微博问政背景下执政党自身建设问题具有重要意义。陈建波、庄前生所著《互联网时代党的建设研究》一书专题论述了互联网背景下的社会主义民主政治建设，提及在现有政治制度框架下如何利用互联网拓展人民民主的渠道问题。

总之，我们通过阅读纸本文献和网络数据库文献发现，目前关于微博问政与中国共产党执政方式的研究尚处于起步阶段，学者当前围绕微博问政的特征、微博问政与党的自身建设等问题展开的探索，为我们把握微博问政与中国共产党执政方式创新研究的基本问题、深化微博问政与中国共产党执政方式创新的相关研究奠定了理论基础，提供了方法论参考。

我们下一步需要深化研究的是以下两方面。

其一，政务微博嵌入中国共产党执政方式的作用机理中。政务微博作为新媒体的一种融入党和政府治理之中，成为国家治理的重要形式和载体，在提升党治国理政和政府政务水平、提高公众政治参与度、扩大党和政府的影响力等方面发挥了重要作用。互联网时代对中国共产党执政生态的冲击和挑战是无可回避的，作为执政党的中国共产党只能正面回应和积极应对。中国共产党作为一个执政的老党、大党需要在这个浪潮中不断创新自己，提高自己的执政水平。在微博问政环境下，中国共产党执政方式的创新并非简单的"微博+执政方式"或"执政方式微博化、网络化"，而是互联网技术嵌入执政过程中引起执政方式存在样态的"革命性"再造，是执政理念、方式和措施的"革命性"创新。以微博为代表的网络新媒体被创造性地嵌入执政方式之中，实现执政方式的革命性创造的作用机理是什么，带来的执政效益如何，这是未来学者需要研究的重要问题。

其二，微博问政背景下党执政能力现代化研究。相对于发达国家，中国在网络空间治理方面起步较晚，但是能够把握中国共产党执政的基本规律并根据时代特征、中国实践和人民期盼，开创网络环境下中国共产党执政方式改革的新局面。特别是在新时代，中国共产党在党的执政方式创新优良经验的基础上，博采众长、兼收并蓄，确立了在微博问政环境下党的执政方式创新的内在逻辑、价值取向和实现路径，形成了在微博问政环境下党的执政方式创新的中国经验和中国智慧。我们未来需要重点研究的是，中国在微博问政环境下推进党的执政方式创新的逻辑和路径是什么，形成的中国范式和中国智慧是什么。

第三节 相关概念界定

何为微博问政？我们首先需要搞清楚什么是微博，什么是政务微博，在此基础上理解什么是微博问政。何为执政方式的创新？我们需要理解什么是执政方式，本书界定的执政方式创新是指什么，并与执政方式相关的一些概念做区分。

一、微博问政

（一）微博

微博是微型博客（Micro-blog）的简称。它是一个基于用户关系的信息共享、传播以及交互平台，用户可以利用电脑、手机等各种移动终端随时随地发布一条个人动态，实现信息的即时分享。一般来讲，微博字数在140字以内，短小精悍且有利于阅读和传播。随着微博的发展，其也出现了长微博，同时微博的表现形式也不断丰富，除了文本之外，还有图片、动图、表情符号、短视频等。

微博由博客发展演变而来。博客，blogger 的音译。博客最初的名称叫作 weblog，由 web 和 log 两个单词组成，web 的意思是"网络"。1997年，为了彼此之间交流想法和团队协作，美国一家不知名的软件公司 Pyra 的三个创始人，编写了一个小软件，他们后来发现这个小软件对大多数人很有用，所以就跟大众共享了这个软件。这就是 blog 的起源，这个公司就是后来鼎鼎大名的 Blogger.com 的前身。weblog 的字面意思就是网络日记，后来它的发音发生了变化，改成了 we blog，或简称为 blog。blogger 最初就是指喜欢在网络上发表日记的人，中文被翻译为"博客"。2000 年左右，博客开始进入中国，被一部分最早接触互联网的人所认识。2005 年左右，国内各门户网站开始加入博客阵营，进入博客的春秋战国时代。博客强调版面布置，发表的往往都是长文，最好是图文并茂的，这对使用者来说有一定的门槛，毕竟在繁忙的工作之余，能有闲暇、耐心和毅力长期坚持写这种网络日记的人很少。自然，阅读者和分享者亦寡。所以，微博开始出现并兴起。

微博最早起源美国的推特（Twitter），由 Blogger 的创始人埃文·威廉姆斯（Evan Williams）首先于 2006 年 3 月推出。Twitter 的原意很有意思，具有小清新的气息，意为小鸟叽叽喳喳声，用户可以经由即时信息、电子邮件、Twitter 网站或 Twitter 客户端软件等多个平台输出一条不超过 140 字的信息，并上传到网上。（2017 年 11 月，Twitter 宣布将推文限制放宽至 280 字符，正式告别 140 字符时代。）Twitter 一经面世，就吸引了人们的关注，因为它降低了门槛，人们很容易使用，且极大满足了人们随时随地展示、分享自己个人动态的心理，曾被 Alexa 网页流量统计评定为最受欢迎的 50 个网络应用之一。根据相关公开数据，截至 2017 年 3 月，Twitter 在全球已经拥有活跃用户 3.28 亿。Twitter 一直紧紧跟随时代，实现自身功能的革新。目前，Twitter 称正计划通过网页端和 APP 推出新的"招数"，包括注重现场感，全天候直播，增强传播的体验性；注重即时性，专注"快"这一优势，实现"当用户想知道发生了什么，第一时间会想到推特"的目标。

在中国，微博最早进入主流人群视野始于 2009 年 8 月。当时，国内最大的门户网站新浪推出"新浪微博"的内测版本，开创了门户网站微博服务的先河。在这之前，校内网起家的王兴曾经于 2007 年 5 月创建了饭否网，腾讯也曾经于 2007 年 8 月尝试性地开发上线了腾讯滔滔。这两次尝试都没有激起很大的浪花，直到新浪微博上线。

微博这一新兴概念和工具一被引进国内就得到了用户极大的欢迎和快速的传播，因为它操作简单，也没有很高的进入门槛，个人几乎不需要什么复杂的技术就能很容易地驾驭和使用它。它篇幅短小，每个人都可以随时随地把自己的所思所想、所见所闻以 140 字以内的篇幅呈现出来并上传到网上，不需要长篇大论或引经据典，极大地满足了人们展示自己、发表自己想法的欲望。从 1999 年年初到 2002 年年底，微博的使用者从不足百人壮大到近百万。Blog 技术也许在技术创新史上并不算什么高难度的事，但意义重大，可以说开辟了一个新的时代——个人自媒体的新时代。它被认为是继电子邮件、BBS、即时通信之后的第四种互联网沟通工具。

自新浪微博开通之后，腾讯、网易、搜狐以及新华网、人民网等主流媒体网站都先后开启了微博服务，微博经历了一段百花齐放、爆炸式的大发展。其中，影响力最大、用户数量最多的，也就是服务最早的新浪微博，如今俨然呈现一家独大的局面。所以，我们一般提到微博都是指新浪微博。

目前，微博的功能不断迭代和完善，实现了个性化的服务。用户可以通过网页、手机短信、手机应用等多种终端的联网方式更新自己的微博，方便快捷。微博的功能不断延伸，增加了最多插入 18 张图片、视频链接、音乐链接、提及@ 和长微博生成等业务，交流功能不断增强，增加了"私信""评论""转发"等业务。微博的这些功能涵盖了信息传播的重要环节，提高了微博传播的效率。

（二）政务微博

政务微博是微博的一种类型，与草根微博、民间微博等相对应。政务微博是指中国党政部门开通的微博账号，是一个旨在提供咨询和服务、了解和收集网络舆情、回应引导网民关注的热点事件、辟谣负面事件的官方信息传播与互动平台。它在政府信息公开、了解民众诉求、鼓励群众参政议政、社会管理创新、新闻舆论引导、树立政府形象等方面发挥着积极的作用。

特别需要强调的是，这里的"政务"并不仅仅局限于"政府机关事务"，而是"党和政府与公共管理行为事务"的统称，它的主体不仅包括政府，也包括政党。

何为政务微博？学者们对这个问题从不同角度出发提出了不同的观点。总体来看，政务微博一般满足下面三个要素。

1. 政务微博的主体

政务微博的开设主体是党政机关及其职能部门和政府公职人员。以此为依据，政务微博可以划分为两类：一是党政机关的官方微博（下文简称官微），二是公职人员自己开设的因公微博。当然，公职人员开设的因私微博，其内容大多不"问政"和"触政"，只是发表个人私下的生活、动态等，不在这个范畴里面。

政务机构的官微。官微具有一定的权威性和公信力，它的注册比较规范，需要身份认证。官微的设置具有较强的目的性，主要是以党政机关身份向社会公布官方的相关信息，并及时回应群众的关切，体现党政机关的服务功能和党的宗旨意识。

公职人员开通的因公微博具体又可以分为官员微博、"专家微博"和一般公务员微博。《中华人民共和国公务员法》对公务员的定义，以个人名义所开设并以其组织单位及职务身份进行实名认证的微博，均为公务员微博。未认证、虚拟昵称及身份的个人微博不在此规定中。其中，官员微博一般是指那些具有一定职务的具有个人见解性的微博，其内容往往涉及公共管理、社会民生、意见建议等，因为其身份的特殊性，其微博粉丝量比一般人多、关注度比一般人要高。官员微博的特点在于，政府官员通过个人微博阐述具有倾向性的价值理念和主张，能够吸引社会各界对相关事务的关注，进而强化所在部门的信任和关切性，对提高党政机关的公信力和形象具有积极意义。当然，官员个人开微博，也仅仅代表个人的观点，不能代表所在部门以及同级甚至上级部门的观点，官员本人如果对组织没有做出决定的事情随意发布，或者泄露了组织尚未批准公布的信息，要受到党纪国法的惩处。

2. 政务微博的功能

政务微博的功能也在逐渐开发的过程中。最开始的政务微博主要是单向度的信息发布和政务公开。随着微博社交功能的扩大，政务微博开始承担起公众参与和网民互动的功能，使政府和民众之间出现了由原本引导式的、单向式的官民互动方式向交互式的、双向式的官民互动方式转变的可能。政务微博对内承担着记录本部门足迹、宣传本部门业绩的职责，对外承担着信息发布、舆情说明、访情回复等使命，通过微博载体搭建党政机关与人民群众之间的沟通之桥、互动之桥、互信之桥。

3. 政务微博的目的

政务微博的主要目的是信息公布和在线服务，通过线上线下联动解决网民提出的各类问题。

（三）微博问政

在微博问政兴起之前，以博客、政府网站、BBS 论坛等平台为载体的网络问政已经出现并发挥作用,在微博问政兴起之后,网络问政又开辟了政务微信、客户端、政务抖音等新兴平台,其载体不断丰富和多元。微博问政是网络问政平台发展到微博时代的一种新形式,是网络问政的一种重要类型和主要平台。网络问政的内涵包含并大于微博问政。

1. 网络问政

那么,什么是网络问政?目前,关于网络问政的界定存在一些分歧,这些分歧主要是对问政主体的界定不同而造成的。学界主要有三种观点:第一种观点认为网络问政的主体是政府,是公共行政主体通过网络途径就政务情况向民众征询意见的活动过程。① 其强调问政就是咨询或讨论为政之道、治理之道,主体当然是政府。第二种观点认为网络问政的主体是网络,强调网络问政即"公民网络政治参与"。郭鹏杰指出:"网络问政是广大网民通过互联网,自愿参与政权和表达政治意愿,对社会事件发表看法和意见,从而影响国家和政府政策制定的过程。"② 这种观点认为问政的主体是网民或者公民,自然公民是主体,网络问政就是网民问政、议政。第三种观点则是以上两种观点的综合,强调网络问政是双主体,既包括政府,也包括网民,即网络问政一方面指政府问计于民,另一方面指网民问事于政,是有问有答的良性互动的过程。李金兆、董亮认为:"所谓的网络问政,主要有两层意思,一是提问,公众个体或群体向社会或党政部门及其领导人,基于互联网提出或表达各类诉求和意见,行使知情权、参与权、表达权、监督权;二是过问,即党政部门及其领导人,通过互联网问政于民,实现科学决策、

---

① 陆传照. 网络问政的开启及对问政者的角色考验 [J]. 探索,2010 (5):66-69.
② 郭鹏杰. "网络问政"是健全社会矛盾释放机制的新途径 [J]. 黑河学刊,2010 (7):56-57.

民主决策,解决实际问题、接受监督。从一般的政民互动,到一些公共舆论事件、公共突发事件的网络应对及管理,这些都可以归于网络问政范畴。"①

本书认为,单纯从"问"的主体来讲,无疑是双向的,政府和网民都可以是"问"的一方,也都可以是"被问"的一方。当网民遇到一些困惑、难题、困境需要政府帮助的时候,网民可以"问事"于政府,民众通过微博反映民情,为政府出谋划策。这时候网民是主体,政府是客体,是被问的一方。当政府在决策的过程中,需要了解广大民众的意见、建议和诉求的时候,政府就可以设置议题了解民众的真实想法,政府就可以"问政"于民,通过微博倾听民声、服务民众。这时候政府是主体,网民就是客体,是被问的一方,在一来一往的问答互动中实现官民之间的良性沟通。关于微博问政这一新兴问政方式,主体应该是政府。因为在这一对关系中,政府一方是更具有主动性,更有能力和责任处于引导、引领位置的一方,这一方掌握着更丰富的资源,更有能力引导每一次舆情的走向,更能有目的性地设置问政议题进而推进科学决策、民主决策。对网民来说,这目前只是单一、单纯地问具体的问题而已,并没有有意识地、有目的地、有组织地问政,即使很多次因网民重点关注、"全民围观"形成了巨大的网络舆情,甚至改变了事件的走向,也都谈不上网民问政。

因此,本书将网络问政的主体界定为党政机关。笔者将网络问政定义为党政机关与公民在互联网所构成虚拟空间内讨论、交流现实公共领域中的社会问题,进而推进执政民主化、决策科学化、信息公开化,维

---

① 李琼琼. 网络问政视角下网络暴力的成因及对策 [J]. 理论学习, 2013 (11): 42-44.

护政府形象、公民利益、社会和谐的过程。它的主体是党政机关和公民。

网络问政与网络参政、电子政务等相关观念有所不同。目前，国内学者在界定网络问政的内涵时多集中对政府、网络媒体、公民三者关系的讨论，认为其"是政府和公众通过网络媒体形成特定互动关系的动态过程"①，缺少对电子政务、电子民主、网络参与、网络监督等相关概念和网络问政之间关系的研究。这一方面固然有利于各级政府在推进网络问政实践过程中能够把握其主导趋向，通过信息通信技术落实政府集民意、汇民智、解民忧的初衷，而在另一方面却限制了网络问政平台的扩展，无法从理论和实践上实现与政府电子政务建设的良好对接。应该说，网络问政与电子政务、电子民主建设是一脉相承的，但它又不局限于简单的发展和进步。

具体而言，网络参政是指"在互联网时代，发生在网络空间，目标指向现实社会政治体系，并以网络为载体和途径参与社会政治生活的一切行为"②。网络参政主要是指公民的参政议政，公民是主要的参与者，直接对决策者产生影响，在网络执政方面有着重要的作用，这是民主执政的核心问题。在网络时代，网络政治参与不是虚拟参与，而是网民与网络共同体在网络社区空间实现对现实社会政治生活的反映。党和政府积极主动倡导、引导人民的网络参政议政，扩大政治参与的政治参与范围，提高政治参与质量，广大网民也自觉地利用网络传媒的作用加入网络参政议政中。"无论国内还是国外，互联网都使过去缺少表达渠

---

① 徐徐．试析"网络问政"所折射的政府、媒体、公众关系［J］．新闻记者，2009（10）：79-81.
② 黄蜺，郝亚芬．网络政治参与价值分析［J］．理论导刊，2010（7）：44-46，49.

道的人获得了发表意见的平台。由于国家的大政方针与每个公民的切身利益息息相关,每个人都有参政议政的愿望,互联网的出现为公民们提供了这样一个机会。"①

电子政务狭义是指办公自动化,广义是指政府相关机构运用现代互联网技术改造政府工作流程和操作程序,实现政府职能的最充分发挥、政府工作效率最大限度的提高。电子政务是政府治理现代化的必然要求,也是互联网发展特别是大数据发展的必然趋势,它与网络问政有着本质区别。概括而言,电子政务更像是"网上办事大厅",通过互联网对工作流程进行再造和简化,方便公众办理相关业务,提高政府办事效率,它的主体是政府。网络问政的主体既是政府也是公民,它不是以效率为首要目标的,密切干群关系、推动官民互信是它的最大追求。

2. 微博问政

微博问政是网络问政众多形式和类型中的一种,只是其问政平台是微博。因此,学界对微博问政的界定问题,如同网络问政一样,存在同样的分歧,最大的分歧就是问政主体是谁。政和民,谁是主体谁是客体?抑或是双主体、双客体?

本书根据上面的分析做出界定:理论上讲,问政双方都是主体,是双主体,但是实践中,倾向党和政府是主体。教育部、国家语委发布的《2010年中国语言生活状况报告》中对微博问政简单解释为执政者运用微博与人民互动,并获得民意的过程。基于此,本文将微博问政定义为借助微博这个平台,党和政府通过微博执政理政、民众通过微博参政议政,政府与民众之间充分互动和沟通,并最终推进民主化进程的良性互

---

① 互联网渐成参政新渠道 "网上政治" 全球升温[N].国际先驱导报,2007-03-07(2).

动过程。通过微博问政,党和政府了解了民情民意,汇聚了民智,并实现了科学决策、民主决策,民众通过参政议政,向政府表达了自己的利益要求,参与重大事项讨论,并监督政府机关的运行。双方达到共赢的结果。微博问政是网民问事于政和政府问政于民的有机结合,推动了参与式民主的进程。

二、执政方式创新

(一)执政方式

我们想要理解什么是执政方式,首先需要理解什么是执政,要想理解什么是执政,还需要对一个相关的概念进行对比性分析——领导,我们通过对领导和执政的对比分析来理解领导方式、执政方式概念,并进一步解释在本书背景下执政方式创新的重点所指。

很长时间,在党的文献中,执政方式没有被明确界定,它和领导方式也没有被明确区分。2001 年,江泽民在"七一讲话"中提出:"要按照总揽全局、协调各方的原则,进一步加强和完善党的领导体制,改进党的领导方式和执政方式"①,这是中国共产党首次提出执政方式的概念,并正式将二者区分开来。党的十六大报告进一步明确提出要"改革和完善党的领导方式和执政方式"②。之后,理论界和相关部门逐渐从混淆的状态中走出来,开始有意识弄清楚二者的区别和联系。

一般来说,党的领导是指执政党对国家的政治、经济、文化、社会

---

① 江泽民. 在庆祝中国共产党成立八十周年大会上的讲话 [M]. 北京:人民出版社,2001:34.
② 江泽民. 全面建设小康社会,开创中国特色社会主义事业新局面:在中国共产党第十六次全国代表大会上的报告 [M]. 北京:人民出版社,2002:34.

事务等方面的组织、管理和引导,也即执政党以自身的价值观念、路线、政策吸引其他党派、人民群众的支持,进而实现政党目标。政党执政是指"政党通过合法途径进入国家的权力机构中,并以该政党的代表为主掌握国家权力机构,从事对整个国家的公共事务的管理活动。或者说,执政是一个政党通过合法的途径在国家权力中占主导地位,并通过国家权力将自己的治国主张贯彻于国家的政务管理过程中的活动"①。从以上概念可以看出,党的领导和党的执政范畴不同。一般认为,党的领导包括两部分,即党对社会(国家机关以外的政党、社团、企事业单位、公民等)的领导和党对国家机关领导(党通过国家机关实现执政),其中第二部分就是指党的执政。② 所以,从外延上看,党的领导方式包含和高于执政方式。

　　在这一区分的基础上,我们可以辨别领导方式和执政方式。党的领导方式,是党对国家和社会事务进行领导的形式、方法和途径的总称,它的内涵比较宽泛,既包括对国家政权的领导,也包括对各类社会组织和广大人民群众的领导。执政方式的概念有狭义和广义之分。狭义上,执政方式仅指执政党控制和运用国家政权的活动,它的核心是科学界定和处理好党政关系、党法关系和党群关系。广义上,执政方式是指执政党为实现执政目标而对社会各领域各层面施加执政影响的途径、手段和方式的统称。对执政党来说,广义的执政方式内涵和领导方式相一致。

　　在社会主义国家,从本质上讲,党领导和党执政是有机统一、不可分割的。共产党往往既是领导党也是执政党,执政和领导在实践中往往

---

① 张恒山. 中国共产党的领导与执政辨析 [J]. 中国社会科学, 2004 (1): 4-17, 205.
② 庄锡福. 论党的领导方式和执政方式转型 [J]. 社会主义研究, 2006 (4): 55-57.

会重合，因为执政是领导的主要内容和表现，领导需要通过执政来贯彻和实现，二者很难分开。比如，党组织向同级人大、政府和各种团体推荐干部，这既是领导行为也是执政行为。党的十六大报告"改革和完善党的领导方式和执政方式"这一部分指出："党的领导主要是政治、思想和组织领导……按照党总揽全局、协调各方的原则，规范党委与人大、政府、政协以及人民团体的关系。加强党对工会、共青团和妇联等人民团体的领导，支持他们按照法律和各自章程开展工作，更好地成为党联系广大人民群众的桥梁和纽带。"① 很明显，此处党的领导包括了执政行为。党的文件在论述这一问题时往往不做区分，故本书在引用和分析党有关执政方式论述的文件时，也没有把领导方式和执政方式进行刻意区分。

其他学者对执政方式概念亦有界定。例如，虞云耀著述的《党的建设研究》，金晓钟、唐晓清主编的《中国共产党执政党建设基本理论研究》，以及闫东的《对中共执政方式研究的综述》等，大都是从狭义和广义两个层面进行界定的，尽管表述有所区别。

很多学者对执政方式转变内容进行了研究。例如，杨绍华的《科学执政、民主执政、依法执政——中国共产党执政方式问题研究》、王长江的《现代政党执政规律研究》、梅宪宾的《新时期党建研究》以及冯秋婷主编的《中国共产党执政方式探析》研究了政党执政方式转变的具体原因和执政方式转变的策略。

综合党的文献和学者的观点，本书从广义上使用执政方式一词，认为所谓的政党执政方式是指，政党代表阶级和国家意志，通过掌握和控

---

① 江泽民. 全面建设小康社会，开创中国特色社会主义事业新局面：在中国共产党第十六次全国代表大会上的报告[M]. 北京：人民出版社，2002：34.

制国家权力、调配国家资源、处理国家事务,协调好党政关系、党法关系和党群关系,实现政党奋斗目标的途径、方法、形式的统称。执政党通过采用科学合理的执政方式把国家的利益、统治阶级的意志和党的奋斗目标落实到具体的执政过程中。

(二)执政方式创新

江泽民在"七一讲话"中首次提出了"执政方式"的概念,并强调党的领导方式和执政方式需要"改进"。党的十六大报告进一步明确提出要"改革和完善党的领导方式和执政方式"①。党的十七大报告指出:"党的执政能力同新形势新任务不完全适应,对改革发展稳定一些重大实际问题的调查研究不够深入","必须把提高领导水平和执政能力作为各级领导班子建设的核心内容抓紧抓好。要按照科学执政、民主执政、依法执政的要求,改进领导班子思想作风,提高领导干部执政本领,改善领导方式和执政方式"②。党的十八大报告指出:"不断提高党的领导水平和执政水平、提高拒腐防变和抵御风险能力,是党巩固执政地位、实现执政使命必须解决好的重大课题"③ 党的十九大报告指出:"坚持和加强党的全面领导,坚持党要管党、全面从严治党,以加强党的长期执政能力建设、先进性和纯洁性建设为主线,以党的政治建设为统领,以坚定理想信念宗旨为根基,以调动全党积极性、主动性、创造性为着力点,全面推进党的政治建设、思想建设、组织建设、作风建

---

① 江泽民.全面建设小康社会,开创中国特色社会主义事业新局面:在中国共产党第十六次全国代表大会上的报告[M].北京:人民出版社,2002:34.
② 中共中央文献研究室.十七大以来重要文献选编:上[M].北京:中央文献出版社,2009:5,39.
③ 中共中央文献研究室.十八大以来重要文献选编:上[M].北京:中央文献出版社,2014:39.

设、纪律建设，把制度建设贯穿其中，深入推进反腐败斗争，不断提高党的建设质量，把党建设成为始终走在时代前列、人民衷心拥护、勇于自我革命、经得起各种风浪考验、朝气蓬勃的马克思主义执政党。"①可以说，随着国际国内形势的深刻变革和党的执政方略的深刻变化，党的执政方式处于不断转型之中，改革和完善党的执政方式一直以来都是党面临的重要任务和课题。

改革和完善党的执政方式是指什么呢？因为种种原因，传统的执政方式存在党政不分等弊端。背负重要的历史使命与现实责任，中国共产党必须革除现有执政方式的弊端，把党的领导、人民当家作主、依法治国有机统一起来，强化顶层设计和整体部署，改进领导格局、领导方式、领导方法，密切党政关系、党法关系、党群关系，优化决策机制、议事机制、参与机制，构建新的目标模式、操作模式、监督模式和效果评价模式。改进党的执政方式主要是指中国共产党作为执政党应适应时代要求、人民愿望和现实要求，在遵循共产党执政规律基础上改革完善领导、控制、监督体制、机制、途径和方法，处理好与其他政党及非政府组织以及民众的关系，重塑执政理念、巩固执政基础、提高执政能力、增强执政合法性，最终实现政党现代化。新的执政方式必须有利于执政党发挥领导核心作用，并科学合理配置权力资源，使公共权力机关的运行更加有活力和效率。该执政方式必须得到人民群众的拥护，并有助于形成公共权力机关和人民群众的良性互动，推进社会民主政治的健康发展。

除了改革和完善外，我们还经常用改进、变革、转变、创新等说

---

① 中国共产党第十九次全国代表大会文件汇编［M］. 北京：人民出版社，2017：49-50.

法，中央党校王长江教授曾提出执政方式现代化的概念。一般意义上来讲，这些词语的差别不大，主要是论述角度的不同。比如，改革、改进、变革、转变等主要是从过程角度，也就是执政方式转变的过程来进行的；创新、革新、完善等说法主要是从目标角度，就是党的执政方式转变的目标是为了实现执政方式的创新和完善。

王长江教授提出的执政方式现代化，属于政党现代化的一个重要内容。所谓的政党现代化，是指"政党适应客观环境及其变化的需要，适应整个社会现代化的发展进程，使自身的结构、功能、机制和活动方式不断制度化、规范化和科学化的过程"①。实际上，政党现代化就包括政党执政方式的现代化，它包含了执政党执政方式变革的内容，它涉及党与人民的关系、党与国家的关系和党与其他党派的关系，其中党和人民的关系是核心。

（三）本研究界定的执政方式创新

如上所述，执政方式创新涉及党政关系、党社关系和政党关系等几方面。在微博问政背景下，党执政方式的创新主要表现为党和政府运用新兴的网络媒介，领导和管理社会的政治、经济、社会、文化等领域的事务所采用具体政策和手段的创新，一般不涉及根本制度层面上的党与国家的关系、党与其他党派的关系问题。所以，本书的研究对象是党和政府，主要解决如何利用以微博为主的政务新媒体平台密切党民关系、重塑党和政府的形象，赢得社会认同和得到合法支持，提高执政有效性和合法性问题。

另外，在本书中，我们还需特别明确两点。

---

① 王长江. 政党现代化论 [M]. 南京：江苏人民出版社，2004：29.

其一，本书中党和政府被视作一个整体，它们共同面对网民背后的民众。问政于网民，也是问政于公民；密切党民关系，也是密切官民关系。这一设定也符合我国的国情，因为我们是共产党长期执政的国家，共产党选派代表进入政府管理国家和社会事务，国家的大政方针政策贯彻的是代表广大人民利益的共产党的意志。在民众心里，党和政府也是不可分割的。因此，本书在微博问政视域下研究党的执政方式创新问题，主要是研究党和政府如何有效利用网络平台改进党社关系问题。

其二，本书中的社会主要是网上社会。网民的背后是公民，网上社会的背后是千千万万真实的民众。通过了解网民的情况来把握民众的状况，通过解决网民的问题来满足民众的需求，通过关注网上舆情来了解社会，是本书的基本逻辑。中国互联网络信息中心（CNNIC）在京发布第43次《中国互联网络发展状况统计报告》。报告显示：截至2018年12月，我国网民规模达8.29亿人，普及率达59.6%，较2017年年底提升3.8个百分点，全年新增网民5653万；我国手机网民规模达8.17亿人，网民通过手机接入互联网比例高达98.6%；截至2018年12月，我国在线政务服务用户规模达3.94亿，占整体网民的47.5%。[①]网上社会是网下社会的浓缩和映射，了解网上社会是了解网下社会的窗口，而拥有如此规模的具有一定知识的网民的网上社会本质上也就代表了现实利益诉求和现实社会生态。

本书正是在这一意义上对政务新媒体时代党的执政方式创新的一个重要方面——党和民众的关系展开深入研究。

---

① CNNIC 中国互联网络信息中心. 第43次《中国互联网络发展状况统计报告》[EB/OL]. 中国互联网络信息中心网站，2019-02-28.

第一章

党的执政方式创新的重要性、必要性和原则

中国共产党要增强执政合法性,需要提高执政能力,而要提高执政能力,就需要革新执政方式。中国共产党要增强自身的执政能力,实现执政的现代化,必须顺应世情、国情、党情、社情的变化,不断加强自身建设,创新执政方式。

第一节 党的执政方式创新的重要性

对中国共产党来说,创新执政方式、增强执政能力、重塑执政合法性,其重要性不言自明。

一、理论角度:党的执政方式创新是应有之义

建设什么样的执政党、怎么建设执政党一直是马克思主义理论作家讨论的重要课题。政党作为政治组织与其他社会组织区别之处在于,它代表着特定社会阶级或群体的利益和愿望,以夺权和掌权为政治目的。马克思主义执政党执政的最终目标是广泛地动员和组织人民群众依法管理国家和社会事务以及管理经济和文化事业,充分实现人民当家作主。

所以，党的执政方式的转变必须符合人民的意愿和要求，与党所处的地位和环境、所肩负的任务以及所面对的社会矛盾相适应，随着经济活动方式、政治体制和文化生活方式的变化而调整。否则，执政方式僵化或者非合理化执政，必然影响党的自身建设和社会主义各项事业的发展，损害党的威信和影响力。

执政方式的转变涉及党政关系、党与群众组织之间的关系等多方面因素，具有复杂性、矛盾性和艰巨性，不可能一蹴而就。相对于资产阶级政党，马克思主义政党对执政方式的探索尚处于起步阶段。十月革命的胜利标志着马克思主义政党在人类历史上第一次获得执政地位，截止到今天，马克思主义政党执政历史不过一百多年。在没有任何经验可以直接借鉴的情况下，马克思主义执政党必须及时总结经验教训，根据执政环境的变化，准确把握自身所处的历史方位，探索新旧执政方式转换的策略原则，稳步进行新型的执政方式。

马克思和恩格斯尽管没有专门论述党的执政方式，但是在关于共产主义者同盟、巴黎公社等问题的论述中曾经涉及新生政权党的建设问题，包括权威的确立、政权的组织、国家治理的策略等，虽然不系统，但是只字片言闪烁着智慧之光。比如，恩格斯曾经列举了社会化大生产中生产组织、航运管理、铁路运输等方面的例子，阐述了无产阶级夺取政权后创新领导方式和执政方式的必要性。列宁作为世界上第一个社会主义政权的建立者，亲历了苏联布尔什维克党由革命党向执政党转变之后面对的复杂境况以及在复杂国际国内环境中思考和处理政党与政权、掌权与分权问题，并领导苏联党和人民进行了积极探索，推动了执政方式的革新。比如，他针对苏联党执政后陷入琐碎之中不能自拔的情况，提出要明确党自身的定位，注重"总的作用""总的意义""总的任务"①，"划分党与苏维埃政权的职责"②。针对苏联共产党在建立政权后依然采用简单粗暴的管理方式解决相关问题的做法，他指出巩固政权应当靠党的号召力和影响力，不能靠强制力。另外，列宁重视民主集中制制度的运用，强调无产阶级政党要开展正常党内活动，汇集智慧集中力量办大事。

中华人民共和国成立后，中国共产党成为执政党，转变党的执政方式成为党自身建设的永恒课题。在中华人民共和国成立之前，党在瑞金、延安等地具有局部执政的经验，在处理党群关系、实施民主集中制、推动人民民主等方面积累了经验，为党成为执政党之后实现科学执政奠定了基础。中华人民共和国成立后，中国共产党总结局部执政的经验，并结合党面临的历史使命和任务进行了执政方式方面的变革。改革开放以后，中国共产党总结历史经验，全面推进执政方式现代化来适应经济社会现代化建设的需要，乃至党的科学执政、民主执政和依法执政理念的提出，标志着党探索执政方式现代化的做法基本成熟。总结历史，可以说，与时俱进的执政方式是马克思主义执政党自身建设的内在要求，是马克思主义执政党保持生机活力的必然要求，尽管中华人民共和国成立后党的执政方式创新存在诸多波折，但是中国对执政方式现代化的探索始终没有停止。

---

① 中共中央马克思恩格斯列宁斯大林著作编译局. 列宁全集：第36卷［M］. 北京：人民出版社，1985：35-36.

② 中共中央马克思恩格斯列宁斯大林著作编译局. 列宁全集：第43卷［M］. 北京：人民出版社，1987：64.

二、历史角度：党的执政方式创新是必然要求

中国共产党从局部执政到全国执政，历经革命、建设和改革几大时期，所处的执政环境和肩负的历史任务不同，执政方式也在不断调整和转变中。整体上看，20世纪50年代中后期，以党代政的一元化领导体制形成，改革开放后，我国对这种传统执政方式进行了改革，从党政分开的提出到"总揽全局、协调各方"原则的提出，这是改革开放后党转变执政方式的两大尝试。21世纪以来，在国内外环境和自身历史方位变化的背景下，中国共产党进一步探索科学的执政方式，提出了科学执政、民主执政和依法执政的方针。具体而言，其分为以下三个阶段。

（一）一元化领导方式的确立与巩固

中华人民共和国成立后，中国共产党由革命党转变为执政党，党面临的形势、任务与革命时期和局部执政时期相比发生了根本性变化。在局部执政时期，曾经行之有效的执政方式显然已经不能适应新中国执政环境和社会主义建设的需要，如何执政成为共产党人需要探索的重大课题。实际上，中国共产党对革命战争年代特殊条件下形成的以党代政、权力高度集中于党的问题有清醒的认识，在成为执政党后，中国共产党从一开始就注意纠正党政不分的一元化倾向，注意理顺党政关系，并发布文件贯彻落实。中华人民共和国成立之初，中共中央便发布了《关于凡属政府范围的事由政府颁布的通知》，强调："在中央人民政府成立后，凡属政府职权范围的事，应经由政府讨论决定，由政府明令颁布实施。其属于全国范围者应由中央政府颁布。……不要再如过去那样有

时以中国共产党名义向人民发布行政性质的决定、决议或通知。"① 之后，不断强调要理顺党政关系，1951年在《关于在人民政府内建立党组和组织党委会的决定》中进一步提出："党政之间不是隶属关系，党的领导是通过党的路线方针政策及在政权机关由担任公职的党员发挥作用来实现的；如果把党对国家的领导作用看作党直接执掌政权、管理国家，实际上就否定了国家政权机关的职权，这是对执政党地位的错误理解。"② 由此可以看出，中国共产党在执政初期，对战争年代形成的党政不分、以党的名义发布行政命令的做法存在的问题有清醒的认识，并在执政后尽力加以避免。这一时期，党主要通过以下几种方式进行领导：一是在中央和地方各级国家机关、人民团体、经济组织等机关中成立党组，由党组负责贯彻执行党的路线方针政策；二是通过挑选和推荐优秀的党员到政权机关中工作，贯彻党的领导意图；三是通过对国家机关工作提出政策主张并监督执行。在新中国成立之初的几年间，党尽力避免对政府工作的干预，党对国家的领导主要通过思想领导和路线方针政策实现。

随着1953年计划经济体制的建立，党加强了对经济工作的管理，建立了双重领导制度，提出了"大权独揽、小权分散、党委决定、各方去办"的领导原则。这一原则确定后，各级党委工作部门的业务骤然增多，不仅管党的政治建设、基层组织建设，还要管干部、管政策、管生产。各级党委把政府工作分为若干口，如财贸口、工交口、政法口、文教口等，由分管常委领导，以党委取代政府机构。中共中央在

---

① 马齐彬，等. 中国共产党执政四十年［M］. 北京：中共党史资料出版社，1989：2.
② 许耀桐. 党政关系认识的历史回顾：兼论邓小平党政关系改革思想［J］. 新华文摘，2004（2）：5-10.

1953年通过的《中共中央关于加强中央人民政府系统各部门向中央请示报告制度及加强中央对于政府工作领导的决定（草案）》（以下简称《决定》）中指出："为了使政府工作避免脱离党中央领导的危险，今后政府工作中一切主要的和重要的方针、政策、计划和重大事项，必须经过党中央的讨论和决定或批准。"①《决定》明确规定：政府各级部门对中央的决议和指示的执行情况及工作中的重大问题，都要定期地和及时地向党中央报告或请示，以便取得党中央经常的、直接的领导；政府部门应该向党中央做定期综合报告；政务院的各委和不属于各委的其他政府部门一切主要的和重要的工作都应该分别向党中央直接请示报告。这个《决定》标志着中华人民共和国成立后，党开始全面接管经济工作，以党代政的执政体制被制度化。

  当然，在这段时间里，党全面接管和领导经济和行政事务的弊端，中国共产党也不是全无察觉和认识。1956年，中共八大政治报告曾经提出："党应当而且可以在思想上、政治上、方针政策上对于一切工作起领导作用。当然，这不是说，党应当把一切都包办起来，对一切都进行干涉。"② 在《关于修改党的章程的报告》中，邓小平也曾强调，党不应该"直接去指挥国家机关的工作，或者是把各种纯粹行政性质的

---

① 中共中央文献研究室. 建国以来重要文献选编：第4册 [M]. 北京：中央文献出版社，1995：58.
② 刘少奇选集：下 [M]. 北京：人民出版社，1980：264.

问题提到党内来讨论,混淆党的工作和国家机关工作所应有的界限"①。中华人民共和国成立后,中国共产党成为执政党,对革命时期和局部执政时期形成的党政不分问题有一定的认识,并进行了一些有针对性的尝试和探索。在实践中,受苏联模式和长期革命党生涯形成的革命党思维的影响,加上新中国成立初期国内外敌对势力的干扰,党不仅没有时间和精力认真对待和正确处理这一问题,反而不断加强自身权力,加强中央集权。我们应当承认,党的一元化领导体制和计划经济体制有其历史合理性,尤其是新中国成立初期在应对帝国主义的封锁孤立和国内的反对势力、保卫和巩固新政权并顺利完成社会主义改造方面,发挥了积极作用。在国内外局势基本稳定、社会主义改造已经完成尤其是中共八大已经明确提出社会主要矛盾和全党任务转变的情况下,中国共产党没有较快实现从"革命的党"到"建设的党"的转变,继续用革命战争时期形成的政治眼光和思维观察分析建设时期的政治局势,沿用战争年代高度集权、以党代政、以党代法的方式,依靠大规模群众运动的方式管理社会事务,这是不科学的。

(二)从党政分开到"总揽全局、协调各方"方针的提出

改革开放以来,随着生产关系的不断调整和完善,经济体制由传统的计划经济体制向现代市场经济体制转变,在高度计划经济体制下形成

---

① 邓小平认为:"第一,在国家机关工作中的党员,首先是由担任负责工作的党员所组成的党组,必须服从党的统一领导。第二,党必须经常讨论和决定在国家工作中的各种方针政策问题和重要的组织问题,国家机关中的党组必须负责在同党外人士完满合作的条件下,实现党所作出的这些决定。第三,党必须认真地有系统地研究国家机关工作的情况和问题,以便对于国家工作提出正确的、切实的和具体的主张,或者根据实践及时地修正自己的主张,并且对于国家机关工作进行经常的监督。"强调既要实现党政职能的区分,又要加强党的领导。参见邓小平文选:第1卷[M].北京:人民出版社,1994:236-237.

的高度集权、以党代政为特征的传统执政方式也需要进行适应性调整和改革。在传统执政方式下，党直接领导和管理经济的执政方式不利于党从更高层次和战略全局角度把握问题，也不利于政府职能的转变和发挥，与市场经济的发展要求是背道而驰的。从党的十三大提出党政分开，到十三届四中全会以来逐步形成"总揽全局、协调各方"的原则，中国共产党一直在探索有效的、科学的执政方式。

改革开放以来，邓小平指出，历史上我们过多地强调集中统一领导，"加强党的领导，变成了党去包办一切、干预一切；实行一元化领导，变成了党政不分、以党代政；坚持中央的统一领导，变成了'一切统一口径'"①，结果是党的执政方式越来越不能适应社会主义事业的发展。因此，中国共产党必须转变执政方式，否则将不利于改革开放的深化，不利于共产党领导和其执政地位的巩固。

从20世纪70年代末起，中国共产党开始探索党政分开的道路。一方面，通过贯彻党的思想政治理论和方针政策保证党的领导；另一方面，退出政府事务和社会事务领域，实现党政分开。邓小平关于《党和国家领导制度的改革》的长篇讲话中强调，为了适应社会主义现代化建设的需要，必须从中央到地方，积极地、有步骤地改革党和国家的领导制度。1980年起，从中央到地方，党的主要领导兼任军政职务的状况明显改观。② 1982年，党的十二大报告指出："党不是向群众发号

---

① 邓小平文选：第2卷 [M]. 北京：人民出版社，1994：142.
② 1980年起，五届人大三次会议根据邓小平提出的"中央一部分主要领导同志不兼任政府职务，可以集中精力管党，管路线、方针、政策"的精神和中共中央的提议，决定华国锋不再兼任总理，邓小平、李先念等六位同志不再兼任副总理，结束了过去长期将党政军的最高职务集于一身的状况。此后，各省市、自治区、直辖市都减少了党政交叉兼职，初步改变了书记、常委都兼任政府职务的状况，初步划分了党政各自的职权范围。

施令的权力组织,也不是行政组织和生产组织。党当然要对各方面的工作和各项生产建设事业进行领导,……但是,党的领导主要是思想政治和方针政策的领导,是对于干部的选拔、分配、考核和监督,不应当等同于政府和企业的行政工作和生产指挥。党不应当包办代替它们的工作。"① 1987年,中国共产党第十三次全国代表大会召开,转变党的领导方式和执政方式问题被正式提上日程,党政职能分开被作为政治体制改革的切入点。在"党政分开"思想的指导下,中国共产党对党的组织形式和工作机构进行了调整。一方面,加强政权机关的职能。各级人大建立常委会,国务院和各级人民政府实行行政首长负责制。另一方面,减少党对政府工作的干预和管理。各级党委撤销了与政府机构重叠对口的经济管理部门,相关的具体事务转由政府有关部门管理;取消党委审批案件的制度;等等。

20世纪90年代前后,党的执政环境发生了新的变化。国内深化改革开放和发展市场经济的呼声很高,政治体制改革被提上了日程,多种因素共同作用,促使中国共产党进一步转变执政方式。江泽民指出:"我们的事业最终能否成功,很大程度上取决于我们党的领导水平和执政能力。"② 这一提法标志着新时期党中央将执政方式的转变提到新的高度。1989年下发的《关于加强党的建设的通知》提出:"当前需要研究的重要问题是:如何在实现党政职能分开的条件下,发挥党在国家和社会生活中的领导作用;如何学会组织、管理有计划的商品经济;如何在改革开放的条件下,抵御国际资产阶级的和平演变战略,制止党员中

---

① 中共中央文献研究室.十二大以来重要文献选编:上[M].北京:人民出版社,1986:43.
② 江泽民.论党的建设[M].北京:中央文献出版社,2001:484.

腐败现象的滋生和蔓延；如何发扬党内民主，健全党的民主生活和集体领导制度，加强党的纪律；如何适应新的形势，加强党规党法建设等。"① 可见，我们党已经认识到理顺党政关系，理顺党与司法机关、行政机关职能的重要性，把完善党的领导方式和执政方式作为党的建设的重要内容予以重视。

关于如何进一步改善党的执政方式，中国共产党对我国政治体制改革和"党政分开"的实践进行了深刻反思，认为单纯的"党政分开"政策不能理顺党政关系，提出用"总揽全局、协调各方"的方针完善党的领导和执政方式。②"总揽全局"体现了党的执政地位，表明党不是国家权力运作的主体，而是对国家权力主体的形成和运作施加影响的政治组织，党主要从更高层次和战略角度把握和处理问题；"协调各方"则是指党对政府的工作不是替代，也不是主导，而是协调，通过向政府提供职位资源和政策资源，并经法定程序将其转化为国家公职人员和国家法律影响政府。"总揽全局，协调各方"的原则加强和改善党的领导体制，改进党的领导方式和执政方式。一方面，可以保证党委的领导核心作用；另一方面，可以充分发挥人大、政府、政协以及人民团体等的职能作用，形成建设中国特色社会主义和"四个现代化"的合力。

"总揽全局、协调各方"的领导和执政方式，是党执政半个多世纪的历史经验的总结，是继十一届三中全会提出"党政分开"理念和举

---

① 中共中央文献研究室．十三大以来重要文献选编：中［M］．北京：人民出版社，1991：51．

② "总揽全局、协调各方"的概念，初步提出是在党的十三大，作出完整表述是在党的十五大，党的十六大进一步将其上升到"原则"的高度。江泽民在2001年建党80周年纪念大会和2002年党的十六大上都提出了"总揽全局、协调各方"的原则。

措以来，党的执政方式的进一步完善。从党包办一切到党政分开、提出依法治国，从注重党组织的行政功能到强化党组织的政治功能，从注重理念的倡导到强化制度的建设，党的执政方式不断与时俱进，取得历史性的突破。

（三）科学执政、民主执政、依法执政理念的提出

进入21世纪以来，中国共产党所面临的执政环境和执政任务发生了新的变化，全球化引起的世界各国交往和竞争加剧，经济和政治体制改革所遇到的体制性障碍增多，人们通过多渠道参与政治的意识增强。这要求中国共产党在科学判断党的历史方位、党长期执政所面对的社会环境和肩负的历史任务的基础上，全面提高党的领导水平和执政水平，增强拒腐防变的能力。

从实践方面看，党的十五大提出"总揽全局、协调各方"原则后，在实际执行中还存在着很多问题，在一定程度上，"党的领导方式和执政方式与新形势、新任务的要求还不完全适应，有的党组织软弱涣散"[①]。其具体表现：1. 在职权配置上，党政机构人员分设[②]，机构重叠；党政职能部分重叠或分工交叉、工作权限和职责相互重叠[③]。党政班子设置不科学、结构不合理、机构臃肿。2. 在权力运行上，权力高度集中于党委和"一把手"上。在党政职权上，党政不分、以党代政

---

① 中共中央文献研究室. 改革开放三十年重要文献选编：下 [M]. 北京：中央文献出版社，2008：1242.
② 例如，有的城市有市委工业工作委员会与市经济委员会，市委商业贸易委员会与市商业委员会，市委农村工作委员会与市农村工作委员会，市委对外经济贸易工作委员会与市对外经济贸易工作委员会，市委合作交流工作委员会与市政府合作交流办公室，等等。
③ 例如，对农业、政法、宣传、教育、文化、卫生等工作，党委有数位副书记或常委分管，政府又有数位副市（县、区）长分管。

现象依然存在。3. 在政权组织关系上，宪法和法律规定政府机关、司法机关应该向权力机关（人大）负责，但由于党在政治体系中的独特性，其权力缺乏有效约束，人大职权弱化，司法机关缺乏独立性，等等。中共十六大在阐述改革和完善党执政方式问题时，提出了依法执政这一理念。

党的十六大以后，中国共产党根据执政环境和历史方位的变化，积极推进执政方式的变革与创新。2004年9月，十六届四中全会召开，通过了《中共中央关于加强党的执政能力建设的决定》（以下简称《决定》）。《决定》在总结中国共产党执政经验，并借鉴世界上马克思主义执政党和其他政党执政经验的基础上，提出了科学执政、民主执政、依法执政的新执政理念。党的十七大报告进一步提出："要坚持党总揽全局、协调各方的领导核心作用，提高党科学执政、民主执政、依法执政水平，保证党领导人民有效治理国家。"[①] 最终，党的十七大修改通过的《中国共产党章程》，以党规党纪的形式把"坚持科学执政、民主执政、依法执政"作为执政理念正式确定下来。科学执政、民主执政、依法执政理念的提出，是中国共产党执政理念的历史性转折，是中国共产党自身建设现代化的重要标志。它是中国共产党对执政经验和执政理念的新概括，是对马克思主义执政党执政方式理论的新认识和新发展。

总之，中国共产党在中华人民共和国成立初期形成的高度集权的领导体制，在动员全国力量抵御西方封锁、打击国内敌对分子、建立独立的国民经济体系以及应对重大自然灾害等方面曾起到了积极作用，但是随着改革开放和社会主义市场经济体制的建立，高度集中的经济体制和

---

① 中共中央文献研究室. 十七大以来重要文献选编：上 [M]. 北京：中央文献出版社，2009：22.

党政不分的领导制度越来越不适应市场经济的发展。因此，随着客观形势的发展，中国共产党开始解决权力过度集中、党政不分的问题，陆续提出了"总揽全局、协调各方""科学执政、民主执政、依法执政"等执政理念，不断调整和完善执政方式，在理论认识和实践探索方面均取得了一定的成绩。

当前，马克思主义执政党面临的国内形势更加复杂。计划经济体制遗留下来的旧问题没有完全解决，市场经济体制的发展又滋生新的问题，而在新旧交替过程中又派生出一些社会矛盾，局面错综复杂。"解决历史遗留的痼疾，科学地划分党政职责，并在实践中加以贯彻执行，并非易事。"① 这就需要马克思主义执政党总结历史经验并遵循共产党执政规律，根据执政环境的变化及时调整执政方式，不断提高执政水平、执政能力和执政效率，调控和化解各种利益冲突，维护社会稳定和社会和谐。

三、现实角度：党的执政方式创新是使命使然

从现实来看，中国共产党需要回应新情况新问题新形势对执政合法性带来的挑战，化解执政危机。从党的自身的地位来看，党作为我们国家唯一的执政党，是国家政治生活的核心和主导力量，其自身改革关系到政治社会改革的成败。因此，多重压力要求党必须怀着百倍的勇气和决心自觉推进自身变革，实现执政方式的创新。只有执政方式是科学的、合理的、贴近民众的，执政效率才可能是高效的，执政能力才可能是不断提高的，执政地位才可能得到民众的支持和认可。

---

① 李景治. 中西执政党执政方式比较及其启示 [J]. 中国人民大学学报，2005（5）：78-85.

执政基础是政党生存和发展的根基。执政基础也就是"依靠谁、靠什么执政"的问题。"党自身的优势主要有三点：一是党的思想政治优势；二是党的组织优势；三是党密切联系群众的优势。"① 任何一个政党上台执政后都面临巩固执政基础的问题，这是提高自身执政合法性并保持长期执政地位的基石。始终代表和维护广大人民群众的利益，是党生存、发展、壮大并保持长期执政地位的关键。今天的中国，依靠谁执政、执政为了谁的问题是党长期执政必须解决的理论问题和现实问题。只有密切与人民的关系，中国共产党才能赢得人心、赢得事业、赢得未来。为此，党的十八大报告郑重告诫全党："为人民服务是党的根本宗旨，以人为本、执政为民是检验党一切执政活动的最高标准。任何时候都要把人民利益放在第一位，始终与人民心连心、同呼吸、共命运，始终依靠人民推动历史前进。"②

随着网络时代的到来，网络社会在21世纪开始在中国形成，中国社会被分成"网上社会"和"网下社会"，人民群众也被分为"网上人民群众"和"网下人民群众"。2024年8月29日，中国互联网络信息中心发布第54次《中国互联网络发展状况统计报告》（以下简称《报告》）。《报告》显示，截至2024年6月，我国网民规模近11亿人（10.9967亿人），较2023年12月增长742万人，互联网普及率达78.0%。③ 这样大的网民规模和这样高的网络普及率说明网络社会不再是简单的"虚拟社

---

① 钟祖田. 党的执政基础的内涵、变化及发展趋势 [J]. 理论研究，2002（2）：43-45.
② 中共中央文献研究室. 十八大以来重要文献选编：上 [M]. 北京：中央文献出版社，2014：39-40.
③ CNNIC 中国互联网络信息中心. 第54次《中国互联网络发展状况统计报告》[EB/OL]. 中国互联网络信息中心，2024-08-29.

会",网络不再是少数人拥有的工具,它实际上是以"虚拟方式"存在的"实在社会",因为这个社会已经联系到每个人生活的方方面面。与此同时,每个人的生活实际运行与实现也基本上都通过网络社会来实现。在网络时代,以网民面目出现的人民既是一个独立个体,也可以凝聚在同一个网络热点事件下成为一个整体的存在。这种基于网络交往形成的"网上社会"与基于物质生产活动和人际交往形成的"网下社会",就成为当今人类存在无法摆脱的两大空间。能否有效化解社会转型过程中的社会不和谐因素以及将这些已经形成的社会组织化力量转化为社会建设的建设性要素,不仅关系到社会建设问题,而且关系到政治建设问题。这决定了党在网络时代的执政,不仅要能驾驭国家,治理网下社会,而且要能够驾驭网络,主导网上社会。党如果在网络社会无能为力,那么党在网下社会与政治生活的所有努力都可能瞬间化为乌有。

第二节 党的执政方式创新的必要性

党的执政方式创新很重要,同时也很必要。中国共产党由革命党转变为执政党之后,如何随着社会的发展探索新的执政方式是党始终面临的一个重大问题。当社会发展进入网络化、信息化和自媒体时代后,党的执政空间得以拓展,党不仅要治理网下社会,而且要主导网上社会,并且把二者有机统一起来。

一、世情变化催发党的执政方式创新

从历史经验来看,世界大党、老党丧失执政地位的历史给我们时刻敲响警钟。总结世界各政党发展的历史经验教训，我们会发现世界上很多政党，包括许多执政多年的大党、老党或者因为缺乏自我革新的意识，或者没有把握好革新的方向、方法和进程纷纷走向了灭亡的结局，因为不思改革或者改革失策而导致丧失执政地位的政党更是不计其数。苏联部长会议主席雷日科夫在总结苏共失败的教训时就指出：苏共"未能及时觉察那些飘然而至却无法回避的变革，结果它被社会孤立起来"①，导致了亡党亡国的悲剧。政党政治的实践说明，无论政党的性质怎样，无论政党的历史是否悠久，无论政党规模的大小，要想壮大政党的力量，提高自身的影响力、凝聚力和整合力，执政党必须根据世情国情党情的变化进行自身的革新，及时调试和完善执政理念、运作机制、执政方式，勇敢面对新情况新问题新形势的挑战。唯有如此，政党才能生存和发展，并且在激烈的竞争中获得和维持执政地位，并保持执政优势。20世纪80年代末90年代初，东欧剧变苏联解体，执政的共产党丧失执政地位。21世纪之初，墨西哥的革命制度党又失去了政权。这些都是长期执政的大党、老党。苏联共产党执政74年，墨西哥革命制度党执政71年，它们的垮台引起了中国共产党深入的思考。人心向背是决定一个政党、一个政权兴衰的根本因素。中国要坚持中国共产党的领导，这不是主观选择的问题，也要看客观上人民支持不支持、拥护不拥护，以及党有没有能力维持这种领导能力、执政地位，这些问题都很严峻地摆在人们面前。这些因素结合在一起，就必然要提出执政能力建设的问题，提出创新执政方式的问题。

　　社会主义国家的共产党在由革命党转变为执政党之后，世情、国

---

① 雷日科夫.大动荡的十年[M].王攀，等译.北京：中央编译出版社，1998：166.

情、党情都发生了重大变化。在过去相当长一段时期内，不论在理论上还是在实践中，马克思主义执政党都没有把党的领导与执政区别开来，甚至把两者完全混同，或者干脆以党的领导代替执政，导致处于领导地位的执政党，没有随着党的执政地位、执政任务和环境的变化，及时转变领导方式和执政方式，仍然沿用革命时期的思维和方式，导致其在执政实践中遭受了很多挫折。

从现实来看，复杂的世界政治局势要求共产党执政方式的革新和现代化。打开当今世界政治版图，大多数国家是资本主义国家，社会主义力量自苏东剧变之后遭到极大削弱，中国作为社会主义国家的代表，堪称一枝独秀。中国在与资本主义意识形态竞争的过程中，面临的执政环境是复杂的，压力是巨大的。具体来看，其包括以下两方面。

第一，世界科技革命、经济全球化、文化多元化对共产党的执政方式提出了要求。20世纪上半叶，帝国主义国家为争夺霸权发动了两次世界大战，很多国家都被卷入进来。战争教育了人。革命风起云涌、此起彼伏，整个世界极不安宁。战争与革命构成了时代的主题。第二次世界大战后，美苏两极对峙的格局形成，世界进入"冷战"时期。当时，很多国家一度认为，第三次世界大战不可避免，要做好备战准备。进入20世纪70年代以后，随着大国之间的博弈和发展中国家的崛起，世界格局和国际秩序的重塑，民族民主力量的成长壮大，民族国家和地区交流和合作日益增多，国际局势日趋缓和。现代科学技术迅猛发展，以微电子技术、信息技术、生物工程技术和新材料技术等为标志的科技革命在全球范围兴起。它改变了世界各国特别是资本主义国家内部的生产结构、消费结构和社会结构，引起了整个世界生产关系的变革、交往方式的变化和思想观念的改变。以科技为动力、以跨国公司为载体的全球化趋势明显，资本、劳动力、技术等要素在国际间自由流动，改变了世界经济格局，民族国家的往来越来越密切。

在全球化浪潮的推动下，中国成为"地球村"的一员并与世界其他国家构成命运共同体。这一方面推动了中国生产力的发展、综合国力的增强和人民生活水平的提高，加快了中国的现代化进程和中华民族伟大复兴的步伐；另一方面，随着中国与世界各国经济、政治、文化等交流的日益频繁，西方的价值观念在产品输出、技术输出、资本输出和文化输出中有意无意地影响中国人的政治判断、价值取向和价值选择。内外因素合力改变了中华人民共和国成立后至20世纪70年代末人们的社会意识相对固化、信仰相对单一的状态，使相对统一的社会意识在各种思潮的交流、碰撞和交锋中逐渐剥离、碎片化，中国特色社会主义的认同遭到削弱，党的权威领导受到质疑。

更重要的是，和平和发展尽管成为时代的主题，但是受冷战思维的影响，西方发达国家通过"和平演变"的方式加快了西化、分化中国的步伐，掀起了"一场没有硝烟的第三次世界大战"。他们以自由、民主、人权为幌子，以不公正、不合理的国际秩序为掩护，肆意干涉发展中国家包括中国的内政。特别是在东欧剧变、苏联解体之后，西方国家鼓吹所谓的"历史终结论""马克思主义过时论""共产主义渺茫论"等，在中国民众特别是知识分子中间造成了思想上的混乱。在这种情况下，如何正本清源、廓清人们的认识、坚定人们的理想信念，将分散的社会意识整合统一到建设中国特色社会主义上来，成为中国共产党执政必须解决的重大问题。

第二，社会主义国家政治体制改革的需要。社会主义国家的政治发展以政治体制改革为前提，而政治体制改革又以执政党的执政方式改革为首要。对中国共产党来说，保持执政方式的适应性和灵活性，其意义非常重大。这大概是中国共产党从对苏联解体的分析中得出的最重要的结论。苏联解体的根本原因是僵化的党政体制、教条化的意识形态、固化的精英阶层、涣散的党组织、停滞的经济以及国际社会的隔绝。我们从中吸取到的一个很重要的教训就是，执政党必须保持党同人民群众的血肉联系，不能脱离群众。一个脱离群众、贪污腐败的党必然会被人民群众所抛弃，最终坠入亡党亡国亡制的深渊中。进入全球化、信息化时代，今天的中国共产党，与当时的苏联共产党相比，面临的世界环境更加复杂多变，资本主义世界与社会主义世界之间的相互渗透和影响更加深入和密切，我们遭遇来自世界的挑战和危机其实更加严重。所以，中国共产党必须警钟长鸣，在试图保持灵活性和适应性的同时，通过"改革—调整—再改革—再调整"的持续循环不断推进自身前进，适应世界政党现代化的浪潮。在这个不断适应的动态过程中，中国共产党既主动又被动，至少在一定程度上掌握着自己的命运。我们认为，中国共产党始终保持这种鲜活的感受世界变化的能力，并随之进行自我的更新和进步，终有一天，中国共产党能够引领世界政党现代化的脚步。

今天的世界是个开放的世界，今天的中国也是个开放的中国。尤其是进入网络时代，世界从来没有像今天一样被网络连接成关系如此紧密的一个整体。整个世界，尤其是与中国利益关系密切的欧美大国以及周边国家，它们的一点点风吹草动，都会对中国形成影响。世界政治形势、世界上其他国家执政党的执政方式、执政行为都会对中国的国内形势、中国共产党的执政造成直接的影响。尤其是，从世界政治制度和政党制度来看，中国有其特殊性。中国的社会制度是社会主义制度。众所周知，国际共产主义运动自苏东剧变后陷入低潮，目前的社会主义国家仅有五个，其他几个社会主义国家的发展势头甚至比不上中国。所以，在社会主义制度和资本主义制度的竞争中，社会主义制度是处于劣势的。这大概也是我们为什么在制度上缺乏自信的原因之一。从政党制度来看，我们是中国共产党领导的、多党合作的政党制度，这种政党制度的形成有其历史和现实原因，是符合中国国情的政党制度，但是这种政党制度区别于西方世界主流的两党制和多党制，因此我们更可能面临被西方政党制度比较的压力。

资产阶级政党经过300多年的发展，已经形成了比较成熟的执政方式，包括政党轮替、多党制、民主选举等，建立了一套相对完善的自我革新机制，有效地保持了政治民主和政治稳定。比较而言，大多数社会主义国家执政党执政时间相对较短，执政方式不够成熟和完善，在科技信息发达和全球一体化的今天，中西方政党执政方式的鲜明对比对共产党执政方式的完善提出了更高的要求。对作为执政党的中国共产党来讲，它只有把自身建设好、把国家治理好、把人民的诉求满足好，才是对唱衰社会主义制度、唱衰中国命运的反对者们最有说服力的回击，才是对自身执政能力最有力的辩护。

二、国情变化催发党的执政方式创新

从1840年到1949年再到2019年，中国在整个现代化的过程中，经历了一个沉沦落后、艰难上升的过程。今天的中国处于重新崛起、民族复兴的关键的历史阶段。在这个阶段，我们面临全面变革、快速变迁与多元分化的国家转型的局面，实现国家治理现代化是至关重要的核心内容。甚至可以这样说，国家治理现代化是近现代大国崛起的引擎和发动机。对始终把自身命运融入国家发展的共产党来说，党的执政方式现代化又是国家治理现代化的引擎和发动机。

第二次《中国互联网络发展状况调查统计报告》(1998)显示：我国上网计算机有54.2万台，其中直接上网计算机8.2万台，拨号上网计算机46万台；我国上网用户数为117.5万人，其中直接上网的用户约为32.5万人，拨号上网的用户约为85万人。① 第22次《中国互联网络发展状况调查统计报告》(2008)显示：截至2008年6月底，中国网民数量达到2.53亿，网民规模跃居世界第一位，但是普及率只有19.1%，仍然低于全球平均水平(21.1%)，中国网民规模继续呈现持续快速发展的趋势。比去年同期增长了9100万人，同比增长56.2%。在2008年上半年，中国网民数量净增量为4300万人。截至2008年6月底，中国网民中的28.9%在过去半年曾经使用手机上过网，手机网民规模达到7305万人。手机上网成为网络接入的一个重要发展方向。② 第42次《中国互联网络发展状况统计报告》(2018)显示：截至2018年6月，我国网民规模为8.02亿，上半年新增网民2968万人，较2017年末增加3.8%，互联网普及率达57.7%。截至2018年6月，我国手机网民规模达7.88亿，上半年新增手机网民3509万人，较2017年年末增加4.7%，网民中使用手机上网人群的占比达98.3%。截至2018年6月，我国农村网民占比为26.3%，规模为2.11亿，较2017年年末增加1.0%；城镇网民占比73.7%，规模为5.91亿，较2017年年末增加

---

① CNNIC中国互联网络信息中心.第二次中国互联网络发展状况调查统计报告［EB/OL］.中国互联网络信息中心网站，1998-07-01.
② CNNIC中国互联网络信息中心.第22次中国互联网络发展状况调查统计报告［EB/OL］.中国互联网络信息中心网站，2008-07-19.

4.9%。① 通过10年、20年的简单数据比较，我们可以看出中国互联网发展的速度之快。

互联网改变了经济运行的方式、国家治理的方式、人民的生活方式等，中国进入互联网时代。网络空间治理是国家治理的重要组成部分，国家治理能力现代化必然包含网络空间治理能力现代化。所谓的网络空间治理能力现代化是指，把握国家治理规律和网络技术发展趋势，推进网络空间治理民主化、协同化、制度化和信息化，进而实现从传统网络监管到现代网络治理的转变。其中，民主化是实现网络空间治理能力现代化的核心要义，它要求在网络空间治理中体现人民意志和主体地位，使各治理主体有序参与并充分发挥各自潜能；协同化是实现网络空间治理现代化的内在要求，它要求内部各子系统、子要素相互衔接、高效运转，产生网络空间治理的协同效应，形成各主体共同发力，各种媒介资源、生产要素有效整合，信息内容、平台终端、人才队伍共享融通的多元共治格局；制度化是实现网络空间治理能力现代化的根本举措，它要求构建系统完备、行之有效的制度体系，推进网络空间治理的规范化；信息化是实现网络空间治理能力现代化的重要保障，它要求通过信息技术降低网络治理成本、提高治理效益。近年来，以数据获取手段和处理技术及数据价值的深度挖掘为主要内容的大数据技术，引起了网络空间治理模式的变革，成为网络空间治理能力现代化关注的焦点。

随着互联网深度嵌入生产和生活中，进而引起人们接受习惯、思维方式和价值观念等不同程度的变迁，以及网络空间治理的变化，中国开始顺应网络时代的要求，发出自己的声音，提出自己的方案。进入新时

---

① CNNIC 中国互联网络信息中心. 第 42 次《中国互联网络发展状况统计报告》[EB/OL]. 中国互联网络信息中心网站，2018-08-20.

代以来，中央加强了网络治理。2018年3月，中共中央印发了《深化党和国家机构改革方案》，明确将中央网络安全和信息化领导小组改为中央网络安全和信息化委员会，来加强党中央对涉及党和国家事业全局的重大工作的集中统一领导，强化顶层设计和统筹安排。2018年4月，全国网络安全和信息化工作会议在京召开，习近平总书记出席会议并发表重要讲话，强调：要提高网络空间治理能力，"形成党委领导、政府管理、企业履责、社会监督、网民自律等多主体参与，经济、法律、技术等多种手段相结合的综合治网格局"；树立正确的网络安全观，"加强信息基础设施网络安全防护，加强网络安全信息统筹机制、手段、平台建设，加强网络安全事件应急指挥能力建设，积极发展网络安全产业，做到关口前移，防患于未然"；攻关核心技术，"要下定决心、保持恒心、找准重心，加速推动信息领域核心技术突破"。①

党的十八大以来，党中央站在全局的角度积极应对互联网兴起和发展对中国带来的机遇和挑战，将发展互联网和治理互联网统一起来，在发展中增强规范化，在规范化中促进发展，在统筹协调中推进政治、经济、文化、社会、军事等的信息化。在这一时期，党中央作出一系列重大决策、提出一系列重大举措，推动网信事业健康、有序、规范发展并取得历史性成就。其具体表现：世界互联网大会的召开和"网络空间命运共同体""网络强国"等理念的提出，阐明了中国在互联网时代的政治主张和利益诉求，为世界网络空间治理、网络空间安全维护提供了中国方案和中国智慧，贡献了中国力量；电子政务、农村电商、在线教育、分享经济、智慧出行、移动支付、远程诊疗等互联网新产品新业态

---

① 习近平出席全国网络安全和信息化工作会议并发表重要讲话[EB/OL]. 中国政府网，2018-04-21.

竞相涌现，推动了互联网经济和产业的发展，推动了社会服务的均等化，提高了中国经济发展的质量；人民群众的衣食住行因为互联网而变得快捷、方便，互联网改变了人民群众对美好生活向往的内容和方式，提高了人民群众对生活的幸福感和获得感。可以说，互联网时代的到来为中国共产党治国理政、创新执政方式带来了机遇和挑战。

三、党情变化催发党的执政方式创新

"我一直在思考一个问题，这就是：我们中国共产党人能不能打仗，新中国的成立已经说明了；我们中国共产党人能不能搞建设搞发展，改革开放的推进也已经说明了；但是，我们中国共产党人能不能在日益复杂的国际国内环境下坚持住党的领导、坚持和发展中国特色社会主义，这个还需要我们一代一代共产党人继续作出回答。"[①] 这是习近平总书记在全国宣传思想工作会议上的讲话，发人深省。我们党执政已70多年，可以说，党的执政时间越长，面临的执政考验越大；我们党已有8900多万名党员、450多万个基层党组织，可以说，党员和党组织的数量越多，管党治党的难度越大。面对新时代复杂的世情党情国情，中国共产党必须以自我革新的勇气，坚持党要管党、全面从严治党，努力推进党的建设的现代化，推进党的执政方式的现代化。

（一）党的科学化建设促进执政方式转变

党的十七届四中全会首次提出"党的建设科学化"的科学命题。这是中国共产党党的建设的理念的重大升级和转型，它丰富了党的建设的内涵，升华了党的建设的目标，提高了党的建设的要求。党的建设科

---

① 中共中央文献研究室．习近平关于社会主义政治建设论述摘编［M］．北京：中央文献出版社，2017：25．

学化内容丰富,既包括党的建设理念的科学化、制度的科学化、标准的科学化等,也包括党的领导方式和执政方式的科学化,它是一个具有系统性的综合体。

　　党的科学化的核心内容是制度的科学化和执政方式的科学化。前者要求建立系统完备、行之有效的制度体系,将党的建设的理念、方式、途径和评价机制用制度的方式规定下来,明确党组织和党员应该干什么,不应该干什么,以及应该怎么干的问题。制度确定以后,接下来就是如何实施制度来达到预期效果,这就要求执政方式转变,推动执政方式科学化,用执政方式的科学化推动制度实施的科学化,并通过执政方式的科学化带动制度效率的提高。党的十七届四中全会审议通过的《中共中央关于加强和改进新形势下党的建设若干重大问题的决定》强调,要办好党建网站、建立全国党员信息库、注重分析网络舆情、农村党员干部现代远程教育网络一体化建设、健全反腐倡廉网络举报和受理机制等。可以说,中国共产党从提出党的建设科学化那天起,便将执政方式与科学化、信息化结合起来,创新执政方式并通过执政方式的创新带动党的建设的科学化。

　　另外,党的先进性是马克思主义政党的本质属性。加强党的自身建设的科学化和先进性建设是紧密相连的,党的自身建设的科学化是保持党的先进性的内在要求。保持同人民群众的紧密联系是我党始终保持先进性的法宝,而密切党与人民群众的关系则是创新党的执政方式的核心内容。所以,加强党的先进性建设和转变党的执政方式是一致的,前者是后者的目标和要求,后者是前者的途径和保障,中国共产党只有创新执政方式,领导发展先进生产力、发展先进文化,并不断满足人民群众对美好生活的需求和向往,才能赢得人心,才能体现先进性。否则,党的先进性无从谈起,党的先进性建设没有抓手。随着互联网的兴起和壮大,党的先进性的表达空间发生了变化,创新执政方式强化先进性建设的渠道也随之扩大。

(二)党长期执政面临的网络空间延拓要求执政方式转变

随着改革开放以来生产关系的调整,社会经济结构、社会结构和价值观念日益多元化,利益分化和阶层分化日趋明显,人们经济、文化和思想活动的独立性、选择性、多变性和差异性大大增强,这无疑增强了党执政的难度。随着互联网的发展,党执政面临的挑战更大。其具体表现:其一,面临的环境具有更大的风险性。因为,网络空间的秩序生成具有强自发性,众多"栖居"在网络空间中的网民随时发声,使网络空间成为各种思潮及价值观的"收容所""角逐场"和"舞台"。其二,领导权的本质体现具有隐蔽性。意识形态领导权的本质属性是阶级性,传统意义上,它的实现主要依赖科层制的行政体系和法治化的政策条令。在网络空间中,网络意识形态领导权更多的是通过多样化的、能够让网民接受的柔性方式实现的,政令、法令等直接体现阶级性的刚性约束被逐渐弱化。其三,领导权的实现方式呈现扁平化。自上而下与自下而上相结合,由掌握国家政权的阶级或集团主导,网络大V、"意见领袖"、普通网民多元参与。亨廷顿在《变化社会中的政治秩序》一书中指出,一国民众政治和社会参与的程度越高,参与的意愿越强烈,在参与的制度化建设不到位的情况下,政治不稳定的可能性越大,社会秩序失范的可能性越大。政治参与的制度化程度越低,则政治越不稳定(政治参与/政治制度化=政治动乱)。当前网络环境下,人民群众参与热情高,但制度建设尚不健全,党执政的风险会增加。

当然,网络空间延拓也有利于党更好地挖掘执政资源、降低执政成本。网络空间中,中国共产党推动执政方式转变的优势:其一,以微博、微信、客户端为平台的政府自媒体传播党的理论、路线、方针和政策,宣布党和政府重大决定和事项,传达党和政府对某些公共事件的看法,实现了党执政流程的再造,实现了党执政方式的革命性变革,有利于密切党和人民群众的联系;其二,扩大了党执政的领域,丰富了党执政的方法,降低了党执政的组织成本、人力成本等,一定程度上提高了党执政的效率;其三,拓宽了人民民主的渠道,人民群众运用网络参与国家和社会治理,表达自己的意愿和诉求,并且监督党和政府国家治理的行为,有利于提高整个国家的民主化水平。

第三节 党的执政方式创新的原则

转变执政方式是中国共产党自身改革目标得以实现的重要途径。有无科学的执政方式,能否因时代背景和历史任务的不同在执政方式上予以有效回应,直接关系到党的先进性能否保持和弘扬,关系到党的执政实践是否科学而高效,进而关系到党的执政地位能否巩固和加强。因此,作为长期执政党的中国共产党,需要以高度的自觉和自我革命的勇气重视执政方式的转变,不断巩固执政地位,实现长期执政的目标。因此,这些问题值得我们去思考:什么样的执政方式才是好的执政方式?中国共产党执政方式创新的原则是什么呢?

一、政党执政方式优劣的评价原则

政党政治包括政党政治参与的方式、政党执政的方式、党派之间以及政党与其他社会团队、群众的关系等方面,其中执政党如何执政是重要问题。"一个政党的纲领如何适应时代的发展,与时俱进,政策主张如何更贴近民意与反映民声,组织体系、运作机制和活动方式如何更加健全和更加民主,对不同类型的执政党而言都是常新的。"① 在发展民主政治的总目标下,无论采取何种执政方式,执政党都必须遵循一定的原则和规则来规范执政行为,这是由政党政治发展总趋势和政党执政规律决定的,这些原则和规则构成政党执政方式优劣的评价标准。

(一)合法性原则

这是衡量政党执政方式的一个重要标准。合法性主要具有以下两点含义。

一是民众对执政党执政权力的普遍认同。政治学研究阐明了公共权力与公民的关系,并从这个角度阐释合法性的内涵。美国政治学者李普塞特(Lipset)说,"合法性是指政治系统使人们产生和坚持现存政治制度是社会的最适宜制度之信仰的能力"②,意指执政的合法性并不只是以公共权力的归属为最终和唯一标准,它还与民众的认可有重大关系,执政的合法性即是公共权力的归属及民众对这种归属权的认可。英国学者比瑟姆(Bussum)认为:"政治制度的合法性必须具备三个条件:符合既定的规则;规则本身经得起以共同信仰为参照而进行的检验;下属尤其是其中最重要的成员对特定的权力关系明确表示同意。"③这意味着执政党要获得执政认同,必须制定经得住实践检验的规则,而

---

① 周淑真. 从比较研究角度看执政党建设问题 [J]. 思想理论教育导刊, 2014 (12): 30-33.
② 阿尔蒙德, 鲍威尔. 比较政治学:体系、过程和政策 [M]. 曹沛霖, 郑世平, 公婷, 等译. 上海:上海译文出版社, 1987: 55.
③ 王长江. 现代政党执政规律研究 [M]. 上海:上海人民出版社, 2002: 167.

且党的成员必须遵从规则，唯有如此，党的意志才能转化为党员的意志，并把党员的意志统一到党的意志上来。

二是执政党总是面临着防止与应对合法性危机的问题。合法性危机是对执政党的严峻挑战，"所谓合法性危机，动态地看，就是执政党正在失去人们的信任和认同"①。执政合法性是动态变化的，与执政党的年龄、规模无关，与执政党的先进性、纯洁性及创新能力等有关，一个执政党能不能适应时代要求被人民群众所认可，取决于这个政党能不能不断创新执政方式满足人民群众对日益美好的生活的向往。从理论上讲，"人民"是具体的，包括各阶层、各行各业的人民群众，"需要"是动态发展而全面的，如今天比过去任何时候对生态产品、生态环境的需求要高，所以要满足人民群众对美好生活的向往，必须不断提高执政党自身的执政本领，增强治国理政的能力，通过不断地改革创新逐渐缩小人民的期待和现实之间的差距。

（二）利益表达和整合原则

我们如果说合法性是执政党存在的基础，那么利益表达和利益整合原则是执政党执政的重要功能。作为"冲突的力量和整合的工具"的现代政党，中国共产党通过执政方式的创新将不同阶级、阶层的利益整合，凝聚到党的理论、路线、方针和政策上来，进而整合社会形成思想合力和行动合力。执政党凭借其掌握的权力和资源在国家经济政治文化生活中居于中心地位，能够更充分地整合社会各阶层的利益，并代表占统治地位的阶级发声。执政党利益表达和利益整合功能的实现，有赖于执政党的正确利益立场定位和广泛的包容性。

---

① 王长江. 现代政党执政规律研究［M］. 上海：上海人民出版社，2002：176.

首先,执政党要明确自己的立场,知道自己代表谁的利益。这包括四个层面:其一,执政党明确自己所代表的阶级,知道自己为谁服务,代表谁的立场;其二,执政党明确自己所主张的主流意识形态,明确自己代表什么样的价值观,以及这一价值观对其他社会思潮的统摄和凝聚功能;其三,执政党明确自己的理论、政策、路线和方针的出发点和落脚点,能够对民众生活、社会进步、文化传承发挥作用;其四,执政党面临突发事件、政治丑闻及腐败案件,明确表达自己的态度和主张,给人民以力量。

其次,执政党必须有包容性,团结一切可以团结的力量。在一党执政的体制下,各个社会阶层、利益群体的利益并不是铁板一块的,很多时候是分散的,但是其利益、愿望和要求却需要执政党来表达。作为执政党,它要综合平衡利益多元化和主流主张、矛盾冲突和社会稳定之间的关系,把握好社会各阶层利益的平衡点,寻求最大公约数,而不是非此即彼。执政党要通过协商民主最大可能地把社会各个阶层的合法合理利益与党的主张联系起来,在执政过程中最大可能地满足他们的利益。

(三)监督制约原则

监督制约原则外在地为政党政治提供了基本保障,保证政党政治在社会生活中发挥积极的作用。

制衡权力需要制衡的思想,最早由古希腊思想家亚里士多德提出。古希腊历史学家波利比乌斯发展了这一思想,提出了权力制衡的观点,为分权制衡奠定了理论基础。法国哲学家孟德斯鸠在《论法的精神》著作中,在系统地阐述三权分立思想的同时,还明确地提出了对权力实行制衡的思想,由此创立了现代意义上的西方分权制衡理论。分权制衡原则的合理性在于,它可以在政治实践上形成体制框架,具有制约公共权力腐化与专制的可能。

马克思、恩格斯在揭示资本主义灭亡的不可避免性和无产阶级胜利的必然性规律的同时，多次肯定权力制衡的积极意义。"当1871年巴黎公社作为世界上第一个无产阶级政权诞生时，马克思和恩格斯就通过对巴黎公社的研究敏锐地注意到了权力监督的政治价值，明确地规定了无产阶级革命胜利以后新社会的政权形式，对公社从上至下把自己的工作置于人民群众的监督之下的一系列规定，给予了高度评价，认为这体现了无产阶级国家同资产阶级国家的根本区别。"① 马克思和恩格斯在指导工人阶级运动和工人阶级政党建设中，对党内民主监督、党派之间的合作与监督、舆论监督的意义、措施等问题的阐述，对无产阶级国家政权制度的建设有着重要指导价值。

政治体制改革要求合理配置公共权力，而公共权力的合理运用，则必须有权力监督与制约机制来加以保障。在现代政治条件下，随着我国社会主义市场经济体制的建立和完善，探寻执政规律、推进政治体制改革、完善权力监督与制约机制就成为执政的中国共产党面临的一项迫切的任务。当前，构建以权力制约权力的格局、强化以权力制约权力的功能、完善以责任制约权力的制度，成为进一步调适我国政权制度的着力点，也是变革党的执政方式的重要任务。

（四）效益原则

执政效益是衡量执政方式与效果的重要因素，是评价党的自身建设水平的重要指标，是衡量党的执政水平的重要标尺。无论何种性质的政党，它们都以提高执政效益为要义，都将提高执政效率作为执政的重要

---

① 马晓明，袁敬伟. 公共权力监督与制衡的思考 [J]. 行政与法，2007（1）：50-52.

目标。作为以为人民服务为宗旨的马克思主义政党，中国共产党也不例外。

执政效益不同于执政效率，它不是个规模概念，也不是个政治学领域的经济学概念，不能以简单的收益成本核算来看待。它是个过程概念，也是个结果概念；是一个主观感受的概念，也是个客观评价的概念。党提高自我净化、自我完善、自我革新、自我提高的能力，提升执政水平和执政能力，最终作用于国家各项事业中被人民群众所感知、体验，最终作出评价。创新执政方式就要是考虑最大限度地减少执政资源的消耗和利用，最大限度地提高执政的效率和水平。中国共产党在网络时代创新执政方式的效果，就是看其通过统筹协调、利益整合、价值实现等功能，满足人民群众对美好生活向往的程度。

二、中国共产党执政方式创新的原则

中国共产党执政的要义是立党为公、执政为民，中国共产党执政效果评价的高低也是看其是否代表生产力发展要求、先进文化前进方向、满足人民群众对美好生活的向往。要想党的执政取得预期目标，党必须变革执政方式，切实做到党的领导、人民民主、依法治国的高度统一，推进科学执政、民主执政和依法执政。

（一）前提：坚持党的领导

党的执政方式的变革的前提自然是坚持党的领导，它的实质是在坚持党的领导下对党的执政方式做适应性调整，来满足时代要求、人民期待和现实需要，进而更好地巩固党的领导和执政地位，发挥党在各项事业中的作用。没有党的领导，执政方式创新就没有方向，犹如无根之木、无源之水，效果就可想而知了。当然，党的领导并不是党包办一切，管控执政的方方面面，它主要是政治领导。邓小平指出："我们要坚持党的领导，不能放弃这一条，但是党要善于领导。"① 所谓的"善于领导"，即要抓好政治领导，确立执政方式创新的方向、目标和原则。正因如此，党的十六大报告进一步指出："党的领导主要是政治、思想和组织领导，通过制定大政方针，提出立法建议，推荐重要干部，进行思想宣传，发挥党组织和党员的作用，坚持依法执政，实施党对国家和社会的领导。"② 后随着党对社会主义建设规律、中国共产党执政规律认识的不断深化，党的十八大以后，党中央多次强调要强化党的全面领导。党的十九大报告指出："党政军民学，东西南北中，党是领导一切的。"③

执政方式的改革必须在党的主导下保持可控性。执政方式的改革至少需要满足三个条件：一是客观上旧的执政方式阻碍政治经济社会发展，人民要求改革的呼声较高；二是主观上执政党对执政方式改革的必要性和重要性达成了共识，并且对改革的方式、步骤有了比较成熟的思考和缜密的论证；三是执政氛围较好，共产党统治地位巩固，能够保证改革在可控制的范围内进行，并且不受国外力量的干涉。在这些主客观条件具备的情况下，执政方式的改革必须在马克思主义执政党的主导下循序渐进，有步骤、分阶段地推进。

这是因为党的执政地位，是人民经过长期实践和反复比较做出的正确选择，是被历史和现实证明的，也是由党的先进性决定的，执政方式的改革必须由党来主导、控制。苏共之所以在改革过程中迷失自我，根

---

① 邓小平文选：第3卷［M］. 北京：人民出版社，1993：179.
② 中共中央文献研究室. 十六大以来重要文献选编：上［M］. 北京：中央文献出版社，2004：26.
③ 中国共产党第十九次全国代表大会文件汇编［M］. 北京：人民出版社，2017：16.

本原因在于改革处于失控状态中,党在改革中的作用缺位或不到位,正如苏联解体亲历者所描述的:"我深深体会到,改革时期,加强党对国家和改革进程的领导,是所有问题的重中之重。在这里我想通过我们的惨痛失误来提醒中国朋友:如果党失去对社会和改革的领导,就会出现混乱,那将是非常危险的。"①

改革能否在确保共产党领导的前提下进行,这是执政方式能否成功转变的关键。执政方式的转变,必然涉及党与政府之间、党和其他政党之间、党和群众组织之间权力分配和权力结构组合问题。这意味着党控制公共权力的途径、手段和方法发生改变,包括权力在某些领域的撤出和缩小,这势必会影响社会不同群体的利益,给改革带来政治风险。执政党如果不能正视潜在和现实的风险,改革便有可能出现曲折甚至失败。为了保证执政方式改革的稳定性、有序性,执政党必须保证改革进程的可控性和可预见性,遵循循序渐进的基本原则,有计划、有步骤、有秩序地进行。戈尔巴乔夫改革失败的一个重要原因就在于改革具有颠覆性,没有实现新旧执政方式之间的有效衔接,企图通过大破大立的形式改革斯大林执政模式的弊病,实现党政分开、还权于政、还政于民,结果改革失去了可控性,最终没有摆脱失败的命运。所以,党执政方式的改革要走最稳妥、风险最小的渐进性改革道路,在党的领导和控制下逐渐实现对公共权力由直接控制为主转为间接控制为主。唯有如此,执政党才能保证改革方向的正确性、改革手段的合理性以及改革效果的可预见性。

(二)执政的民主化:执政在民

中国共产党的力量源泉是人民,中国共产党执政地位的取得要依靠

---

① 葛新生. 悔悟与反思:苏联解体亲历者对改革历程的新认识 [J]. 学习与研究,2006 (11):69-71.

人民，中国共产党执政地位的巩固也要依靠人民。执政能否以人民为本、得到人民的认可，决定着中国共产党执政地位能否得到巩固。在新时代加强党的执政能力建设，要实现党的权威领导和人民民主的结合，这既体现党的执政要求、执政使命，也注重人民民主的发扬，并且把二者有机统一起来。

执政为民与执政在民是一个硬币的两面，均属于民主执政的范畴。可以说，执政为民是目的，党的宗旨就是为人民服务；执政在民是方式，党要从人民中汲取智慧。执政为民与执政在民诠释了中国共产党执政"依靠谁和为了谁"的根本问题，它点出了无产阶级政党执政的根本特征。这一思想转化到执政方式转变上来，就是要求实现从代替人民当家作主，向领导、支持和保证人民当家作主转变，不断增强人民的参与感、获得感。

人民当家作主是社会主义民主政治的本质要求。最近二三十年，世界上一些执政多年的大党、老党丧失执政地位，其惨痛教训表明：一个政党的执政地位不是与生俱来的，也不是一劳永逸的，要实现党长期执政，必须不忘初心。近代以来，中国面临的两大历史任务是争取民族独立、人民解放和实现国家富强、人民富裕。中国共产党就是在这一背景下诞生的。中国共产党的初心与近代社会的主要矛盾和历史任务是密切联系的。用一句话概括，其就是实现人民幸福、国家富强、民族复兴。这个初心和使命是激励中国共产党人不断前进的根本动力。党的十九大闭幕后，习近平总书记带领新一届中央政治局常委专程到上海和浙江嘉兴，追寻我们党的根脉，就是要回归中国共产党人的初心。

回归初心，核心是为人民谋幸福。《共产党宣言》指出："过去的一切运动都是少数人的，或者为少数人谋利益的运动。无产阶级的运动是绝大多数人的、为绝大多数人谋利益的独立的运动。"① 中国共产党要真正做到为人民谋幸福，就需要尊重人民群众在国家治理中的主体地位，拓宽人民群众参与国家治理的渠道，实现由党领导人民当家作主即"为民做主"向支持人民当家作主即"由民做主"的转变，完善国家治理程序，明确党政界限，实现由过去党政直接代替政府或者党政一体实现执政功能向通过人大机制实现执政功能转变。在网络问政环境下，中国共产党实现执政为民应做到以下两方面。

其一，扩大人民民主空间，满足网络民主参与要求。人民民主是全方位的，不仅在线下社会，还在线上社会。在网络空间中，党领导人民当家作主，就是要拓宽网民参与政治的渠道，通过微博、微信等自媒体吸引网民参与国家大政方针政策的讨论，监督党和政府各项决策的贯彻和落实，并认真倾听网民关于国家大政方针的意见和建议。

其二，从制度、机制和程序上保证网络空间中人民当家作主的实现。面对网络空间中人民参与民主的新情况新趋势，党要把握执政方式创新的规律，通过构建畅通民意表达渠道的制度，保障人民充分行使民主选举、民主决策、民主管理、民主监督的权利，推进网络空间中中国共产党执政的制度化、规范化和有序化。

（三）执政的法治化：执政在法

依法执政与依法治国是高度统一的，只有依法执政才能带动依法治国，而依法治国也要求依法执政。依法行政是新时代重塑和巩固中国共产党长期执政法理基础的必然要求，是全面推进依法治国战略实施的重要保证。

执政在法的含义体现在三方面：第一，依法执政的"法"是宪法

---

① 中共中央马克思恩格斯列宁斯大林著作编译局. 马克思恩格斯选集：第1卷［M］. 北京：人民出版社，2012：411.

和法律，根本遵循是宪法；第二，依法执政不是共产党直接行政，而是按照宪法和相关法律要求通过人民代表大会和"一府两院"执政；第三，依法行政不能超越宪法和法律。党领导人民立法，党自己也要在宪法和法律范围内活动。那些无视党纪国法、肆意妄为的领导干部，必然会遭到党纪国法的严厉制裁。党的十八大以来，党反腐败的雷霆行动已经证明，法治之下，任何人都不能心存侥幸，都不能指望法外施恩。

在微博问政环境下，党要实现执政的法治化就是要用法律保障和规范网络空间中人民当家作主的权利。网络空间不能超越法律之外，必须接受法律的规制，受法律的制约，网络治理的方式和网民的言行都受法律制约。在互联网环境下，中国共产党要切实做到立党为公、执政为民，必须充分运用法律手段，坚持依法执政，严格依法办事，保证党的执政行为的有序性、合法性，实现党的执政目标，巩固党的执政地位。

（四）执政的科学化：科学执政

科学的思想、制度和方法是科学执政方式的基本保证。执政理念科学是执政行为科学的前提，只有执政理念科学才有可能保证执政方式、执政途径等的科学。科学执政理念的精髓是实事求是、与时俱进、求真务实、开拓创新。执政方式的科学化是科学执政的重要方面，它要求：执政方式符合中国共产党执政规律；执政方式符合人民群众的愿望；执政方式运行的低成本、高效益；执政的机制、规则、程序和工作合乎程序。

在微博问政环境下，提高执政的科学化就是遵循互联网发展规律和中国共产党执政规律，我们从共产党执政的要求、网民的利益诉求和实际国情网情出发，分析微博、微信、抖音等政务自媒体的出现为中国共产党执政带来的机遇和挑战，并根据现实需要调适执政策略和执政方式，化风险为机遇，创造出中国共产党网络环境下的执政经验和智慧。

第二章

微博问政助推党的执政方式创新的逻辑

微博崛起，背后是信息技术的进步和公民政治参与意识的提高。微博开启了自媒体新时代，深刻地改变着包括中国在内的世界各国的政治生态。联合国信息社会世界高峰会议日内瓦会议《原则宣言》指出："应将信息通信技术作为实现良政的重要手段。"① 政务微博的出现和兴起，并在官方盖章认定下迅猛发展，显示了执政党和政府以开放、积极的姿态治理国家的决心和信心。微博问政推进着政治变革与社会变革的协调发展，促使执政党与时俱进地创新执政方式，加速提升执政能力，尤其是网络执政能力。

我们需要思考如下问题：微博问政能不能推动党的执政方式创新？如果能，它的哪些特性能够推动党的执政方式创新？我们回顾政务微博兴起、发展、成熟的历程，深入探讨政务微博是如何发展以及如何推进了执政方式的创新？放眼世界，其他国家尤其是西方发达国家在利用微博问政方面有一些什么样的经验和启示？这是我们本章需要探讨的问题。

---

① 人民网舆情监测室.指尖上的"政"能量：如何运营政务微博与微信[M]. 北京：人民日报出版社，2013：前言3.

第一节 微博问政的特征及发展历程

微博①和政务微博是微博问政的主要平台和工具。我们在了解微博和政务微博特性的基础上再进一步深入研究微博问政的特性,进而总结微博问政的哪些特征能够推动党的执政方式的革新。

一、微博问政的主要特征

(一)微博的特点

微博最主要的几个特点是开放性、低门槛、传播快速、交互性等,这是其出现以来能够迅速普及、被广大网络用户认可的主要原因。在党的执政方式创新视域下,微博的特征主要有以下三方面。

第一,覆盖面广,民众使用率高,接受度高。

根据中国互联网络信息中心的统计,"到 2018 年年底,我国网民规模达 8.29 亿,普及率达 59.6%,比 2017 年年底提升了 3.8 个百分点,全年新增网民 5653 万。我国手机网民的规模达 8.17 亿,网民通过手机接入互联网的比例高达 98.6%"②。贫困地区网络基础设施"最后一公里"正在逐步打通,互联网范围进一步下沉,向基层覆盖。因此,在互联网和手机普及率的全覆盖加持下,微博用户也持续增加。根据《2018 微博用户发展报告》统计,2018 年,微博月活跃用户和头

---

① 此处侧重指普通民众微博,与政务微博相对应。
② CNNIC 中国互联网络信息中心. 第 43 次《中国互联网络发展状况统计报告》[EB/OL]. 中国互联网络信息中心网站,2019-02-28.

部用户①持续攀升。截至 2018 年年底,微博月活跃用户达到 4.62 亿,微博日活跃用户达到 2 亿。微博用户规模保持稳健增长,连续三年增长超过 7000 万。截至 2018 年 11 月,微博头部用户增至 70 万,同比增长 37%,微博大 V②增至 4.73 万,同比增长 60%。③ 我们仅以月活跃用户作为一个参考系,4.62 亿这个数字充分说明了微博在民众中覆盖面之广,当重大灾情、社会热点事件出现的时候,实际活跃用户远远超过这个数字。

图 2-1 网民规模和互联网普及率

来源:CNNIC 中国互联网络发展状况统计调查 2018 年 12 月

近几年,各种新平台不断涌现,微信、抖音都在一定程度上分走了微博的流量,但是作为政务新媒体的"老兵",微博起步较早、平台最广、民众基础最为深厚,在关键时刻依然是民众上网寻找官方权威信息

---

① 头部用户是指粉丝规模大于 2 万,或者月阅读量大于 10 万的用户。
② 大 V 是指粉丝规模大于 50 万,或者月阅读量大于 1000 万的用户。
③ 以上数据均引用自《2018 微博用户发展报告》。这些数据皆是新浪微博平台的使用情况统计。

或者表达自身诉求的"首选"。微博的这个特征决定了它可以作为党和政府推进网上群众路线的第一优选平台。因为，如此庞大的使用基数使之具有很强的民众代表性，政府机构可以从网民的诉求中了解大多数群众的想法、意图和真实要求。

第二，传播速度快、影响面广。

微博时代是一个大众麦克风时代，每个人都是记者，每个人都是一个自媒体，它改变了传统大众媒体面向点的传播方式，是一种点对点之间的传播。在这种传播模式下，每个人都可以是内容的生产者，也是信息的传播者。140字的信息，随手用手机拍摄的照片或者视频，就可能是引起大众关注的一个微博热点，其他看到信息的人，可以随手点一个"转发"或"分享"，就可以在微博、微信、QQ空间等不同平台上实现信息的传播，这种传播速度是核裂变的速度，往往呈几何级数快速传播。"微博的传播是一个在初级传播中实现分众传播并且扩大为二级大众传播直至多级传播的过程。微博的信息发布者同时也是反馈信息的接受者，而信息的受众同时也是新一级传播的传播者。"① 李永刚在《我们的防火墙》一书中有这样一段话："单就个体网民而言，他的每一次点击、回帖、跟帖、转帖，其效果都小得可以忽略；他在这样做时，也未必清楚同类和同伴在哪里。但就是这样看似无力和孤立的行动，一旦快速聚集起来，孤掌就变成了共鸣，小众就扩张为大众，陌生人就组成了声音嘹亮的行动集团。"微博问政的巨大推动力就源于公众对公共事务越来越多的关注和参与。

当某些博文引起了公众的普遍关注时，这往往会有微博大V进行

---

① 左晓娜. 微博的传播机制及影响力研究 [D]. 西安：陕西师范大学，2011.

转发评论，在微博上不断发酵酝酿，有时候会形成网络舆情。微博的典型特征就在于其传播迅速且影响力大。微博的这一特点使它可以作为党和政府网络反腐、网络信息公开的利器，微博利用网民的网络监督推动党和政府依法执政。

第三，微博具有开放性和平等性。

微博是一个完全开放的平台。一个网民如果有网络和手机/电脑，他就可以登录微博，了解国内外大事。在微博这一开放平台上，所有人面对的信息都是平等的，能够获得的信息也是平等的。它正在改变中国的政治生态，改变了以前都是由政府和精英媒体引导公共舆论的状况。民众过去只能被动接受政府和媒体的信息，难以发出自己的声音，更难与政府进行沟通。现在这样一个大众麦克风时代，每位网民凭借手里的手机就可以成为新闻的发布者，甚至可能在网上掀起轩然大波，成为公共话题的制造者。围观的合力甚至可能影响政府的决策，展示网络蕴含的巨大力量。微博的这种特性也有利于创造新型的官民沟通方式，弥补传统的官民沟通成本高、难度大、渠道少、效果不理想的缺陷，为党和政府了解民意民情、汇聚民智，为民众提出自己的建议诉求阐发自己对政策的了解并提出对政策的不同意见搭建起新的平台，使党和政府在制定政策时更具科学性。

(二) 政务微博的特点

正如前面所述，政务微博是微博的一种类型，它既具有微博的共通性，也具有政务微博的特殊性。除了上面所讲微博的特点外，政务微博还呈现以下特征。

第一，数量庞大且增长速度快。

据中国互联网络信息中心提供的数据，截至2020年12月，经过新浪平台认证的政务机构达到140837个。截至2020年年底，我国各省均开通了政务机构微博，其中数量最多的是河南省，共开通政务微博10130个，居全国首位。第二位的是四川省，共开通政务微博数量是9381个。① 这些政务微博大多粉丝数目庞大。根据2018年的统计，在政务微博粉丝数排名中，"中国警方在线"账号粉丝数最多，达到29274984，将近3000万，"平安北京"紧随其后，粉丝数目为12471164，达到千万大V级别。处于百万大V方阵的政务微博账号就更多了，如"共青团中央"，粉丝数目为6791951，"中国平安网"粉丝数520万+，"警民直通车"粉丝数450万+，"南昌铁路"410万+，其他如"平安洛阳""深圳公安""中国气象局""中国反邪教""中国警察网"等都属于百万大V级别。② 数量庞大、覆盖面广的政务微博群体以及数目更加庞大的政务微博粉丝群体，组成了互联网世界一道亮丽的风景。在这个网络世界中，人们每天都在进行信息的交互，微博在发布政务信息、提供政务服务，网民了解政务信息，提出自己的诉求。这是一个扁平化的、信息可以直达的平台，可以实现最快最新的信息交流和互动。

第二，覆盖面广且呈现日益扩大的趋势。

截至2018年年底，各省部级行政单位开通政务微博数目是179个，厅局级开通政务微博数目是2635个，县处级以下单位开通政务机构微博数目超过12万个。③ 中央机构大多开通了微博，并且粉丝数目庞大，

---

① 中国互联网络信息中心. 第47次《中国互联网络发展状况统计报告》[EB/OL]. 中华人民共和国国家互联网信息办公室，2021-02-03.
② 中国互联网络信息中心. 第43次《中国互联网络发展状况统计报告》[EB/OL]. 中华人民共和国国家互联网信息办公室，2019-02-28.
③ CNNIC中国互联网络信息中心. 第43次《中国互联网络发展状况统计报告》[EB/OL]. 中国互联网络信息中心网站，2019-02-28.

活跃度很高，传播力、服务力、互动力、认同度都高居榜首。根据2017年、2018年《人民日报·政务指数微博影响力报告》的统计，排名高居前十左右的政务微博主要有以下几个："中国警方在线"是公安部治安管理局开设的官方微博，"公安部打四黑除四害"是公安部治安管理局暨打四黑除四害专项行动办公室开设的官方微博，"共青团中央"是共青团中央官方微博，"中国长安网"是中央政法委新闻网站的官方微博，"中国消防"是应急管理部消防局的官方微博，"中国气象局"是中国气象局官方微博，"中国反邪教"是中国反邪教官方微博，"最高人民法院"是最高人民法院微博，"中国大学生在线"是教育部中国大学生在线开通的官方微博、教育官微联盟成员，"中国长安网"是中央政法委新闻网站官方微博，"中国政府网"是国务院办公厅中国政府网运行中心开设的，"最高人民法院"是最高人民法院微博，"中国地震台网速报"是国家地震台网官方微博，"最高人民检察院"是最高人民检察院微博，等等。2018年，中国海警局开设了官方微博"中国海警"，国家市场监督管理总局开通了官方微博"中国市场监管"，应急管理部开通了官方微博"中华人民共和国应急管理部"，环保部的官微"环保部发布"更名为"生态环境部"，文化和旅游部的官微"文化部"改名"文旅之声"，退役军人事务部、国家移民局等部门也将开通微博提上日程。这一系列动作使中央机构微博越来越全面，在对各省市微博发展的过程中起到领导、指导和引领的作用。基层开通的政务微博数目更是庞大，到2017年，所有的县市级政务机构开通了微博，并且不断下沉，基层政务微博开设的数量逐年增加。政务微博是党和政府机关的窗口，通过这个窗口，实现了政务信息公开和政务服务推进，实现了官民的良性互动和交流。

第三，表现形式丰富且呈现多元化特征。

微博最初的主要表现形式是140字的文字，内容简练，大大降低了微博使用的门槛，并降低了信息沟通的成本。每个人，只要具有基本文化素质都可以编辑一条140字的信息，上传到网上，被其他人看到或者评论、转发、分享。所以，微博的一大优点是人人都可以当信息的原创者和发布者，且信息传播得很快，范围很广，众多网友的转发、围观和评论就可以形成微博的合力，让有关部门看到群众的呼声并加以考量。随着网络技术的发展，新的传播手段和传播形式不断涌现，微博不断吸收这些新形式，使各类新媒体为之所用，从最初单纯的图文视频，发展到现在很多优秀账号大量使用图片、短视频、沙画、漫画、直播等形式，使微博的内容越来越生动，越来越有吸引力。这些举措打破了以往政府信息公开工作的沉闷套路，实现了有声有影有形、入耳入脑入心，极大提升了政务账号的感染力、吸引力和说服力。《中国诗词大会》在电视上热播之际，"中国大学生在线"和"微言教育"适时推出线上"飞花令"，网民开始大量跟帖秀才艺，传播了中国传统诗词文化；"中央气象台"在微博上推出"我给台风起名字"活动，激发了全民的参与热情，打破了气象台就是播报天气预报的刻板印象，拉近了它与民众的距离。

短视频和网络直播等形式都被吸收进政务微博之中，并起到了很好的宣传、展示、解读、辟谣、传播正能量等效果。2016年，短视频作为一种新的传播形式备受热捧，它直观生动、好玩好笑，易于传播。政务微博积极吸纳了这种新形式，把短视频应用到政务微博中，在宣传政策、回应热点及新政策的解读方面充分发挥短视频的作用，得到了网民的热情回应和认可。比如，"最高人民检察院"邀请检察官讲解司法改革相关政策，拍摄微视频，对民众进行普法教育；九寨沟地震后"四川公安"快速回应，在安置点实拍视频，通过最直观的方式让大家了解九寨沟的灾情以及抗灾情况；两会期间"中国政府网"花大力气进行了航拍，视频俯瞰中国幅员辽阔的高山、城市、大厦、山川河流等各地美景，向全国的网友动态展示《政府工作报告》的相关内容。

当网络直播被网民广泛使用的时候，政务微博也吸收了这种新元素，利用直播的方式进行宣传、回应网民热点，效果非常好。其中使用网络直播最出色的账号，主要来自交警、检察、环保、交通等系统。"深圳交警"在这方面最早进行了尝试，2016年，"深圳交警"带领下辖的16个政务微博，共同策划组织了一场微博矩阵直播行动——"千骑千警严查安全带"，这引起数十万人的关注，向民众普及了系安全带和遵守交规的重要性，起到了很好的宣传效果。相比静态的图片和文字，视频直播更有说服力，更具"现场感"，让人信服。网友通过观看网络直播视频，可以零距离地体验公共治理的专业性和复杂性，很多网络谣言也会不攻自破，起到正视听的作用。通过网络直播，它们不仅发布了政务公开的结果，而且很容易引起民众关注和争议的执法、审批等行政事务的直播公开，有利于党和政府塑造自身阳光、正面的形象，有利于促进政府和百姓的良性互动及良好沟通，意义重大。

第四，矩阵化、专业化、垂直化发展且联动效应明显。

矩阵是政务微博在使用方式上的一大创新。矩阵的出现，使政务微博实现了纵向和横向上的联合，把政务微博打造成了系统规划、发挥集群化优势的服务模式。通过建立微博矩阵，矩阵里的各政务微博主体可以实现资源共享，可以快速地上情下达、下情上达，实现信息的传达和反馈，进而发挥联动和分享优势，更快地处理和应对网上的舆情热点与民众的不满情绪，提高行政效能和党政机关对网络的驾驭力。

政务微博矩阵主要分为两种类型。一是组织结构矩阵。这是构建政务微博矩阵的基础。按照参与微博问政的职能和岗位，在政务机构逐级设立专门的组织和人员，他们上下级之间实现功能对应和岗位对应，为政务信息逐层逐级的"信息传播链"搭建奠定了基础。2017年、2018年一直推动的政务微博矩阵升级计划，形成了以各地各系统龙头账号为主的矩阵微博共34个，涵盖账号853个，持续建构服务型矩阵体系。二是话题内容矩阵。政务微博主体为了一个特定主题发布话题，联合同一矩阵内的各级各行业的政务微博统一行动，动员网友共同参与同一主题下打造的"超级话题"，进而达到宣传、推广、科普、服务等目的。比如，2018年11月6日，"南京城管"（南京市城市管理局官方微博）发起了一个话题#南京城管2018靓城行动#，动员广大网友亲自动手清理城市卫生死角，实现垃圾分类，在一天时间内，该话题的微博总曝光量就达到了663万。这次行动既美化了城市，也彰显了南京市城市管理局文明执法的形象，赢得了网民的支持和信任。

通过构建微博矩阵，在信息公开和政务服务方面，政务机构可以实现上下联动、左右互动，实现资源的整合和信息的共享，有利于快速地响应民众的诉求，使民众的诉求可以快速、逐级布置下去，有效地解决，再快速、逐级反馈回来。早在2015年5月，以"新疆检察"为首的新疆三级检察机关就实现了检察新媒体的全覆盖，全疆三级检察机关横向到边、纵向到底，建设成"互联网+检察"政务新媒体矩阵新模式。按照公开诉求公开处理的原则，在收到网民消息或者留言后，"新疆检察"会按照检察机关新媒体矩阵第一时间逐级向下分配，直至事件所在地的基层检察机关。在问题得到解决后，基层检察机关再通过新媒体矩阵逐级向上反馈，最终反馈至当事人。有些官微在舆情回应方面甚至做到了"以分钟为单位回复、以小时为单位解决"。2017年3月30日13：20，网友"cyesy16"发微博向"沈阳环保"举报市区有锅炉冒黑烟污染大气，10分钟后，"沈阳环保"回应"收到情况"，并"@"下属单位沈阳市环保局和平分局，"沈阳和平环保"5分钟后就答复说"一定及时反馈"，然后在最短的时间内在线下处理解决，并在微博上公布了执法的过程，宣布处理结果。15：56，"沈阳环保"转发此通报，"感谢网友对环保工作的积极参与"。从网友微博举报污染信息到处理解决并反馈给网友处理结果，实现了一个完美闭环，这个过程只花了2小时36分钟。这就是矩阵的强大优势，体现了微博矩阵强大的整合联动效能。新疆检察机关利用官方微博积极回应网民诉求，在线解决网民反映的问题，从根本上化解、解决社会矛盾，"是网络空间走群众路线的一种体现"。

（三）"微博问政"的特征

自2011年，政务微博发展到现在，微博问政已经推进了12年多，经历了快速的发展。这一方面，是因为互联网技术的发展和手机的普及使微博在广大网友中得以推广；另一方面，也是近些年来，民众的政治参与意识提高。另外，一个很重要的原因是党和政府在以积极、主动和开放的姿态拥抱互联网。微博问政除了上述在政务微博上体现出的特征外，还具有以下特性。

第一，具有权威性，党政机关主导。

在网络问政的早期阶段，党和国家领导人就开始关注网络世界，通过网络与网民互动，了解民情民意。比较早利用网络跟网民进行交流的国家高级官员是时任外交部部长的李肇星。2003年12月23日，李部长在中国外交部网站"中国外交论坛"上就网友关心的问题,与网民进行了在线沟通。

这些年,党和政府一直非常重视利用政务微博、政务微信、客户端等新型媒体来推动网络问政的发展。近几年,国务院办公厅每年都会印发关于政务公开工作和政务服务工作的《要点》,这些要点对政务新媒体在平台界定、发布规范、功能拓展、信息统计、账号整合等方面,一直在加以详细规范,非常明确且逐渐清晰地提出:对政务新媒体要从严管理、规范管理、精益管理(在政务公开过程中加强政务舆情回应)、协同管理("建立完善与宣传、网信、公安、通信管理等部门的快速反应和协调联动机制")、问责管理(2013年"100号"文件、2015年度"要点"写入)、注重实效(2018)地进行科学管理、系统管理等。

对政务微博在政务新媒体中的地位,党和政府始终高度关注并给出了清晰的定位。2013年,国务院办公厅发布《关于进一步加强政府信息公开回应社会关切提升政府公信力的意见》,将"政务微博微信"明文纳入继政府发言人制度、政府官方网站后的第三种法定政务公开形式和渠道中,2014、2015、2016年连续三年在《要点》的行文中反复重申"微博",而2017年《要点》中则使用了"新媒体"的泛称,未明确界定"微博"等媒介的具体名称,2018年恢复"微博"明文字眼。近年来,在新媒体领域乱花迷眼的丛林格局下,《要点》恢复点名"微博"的行文,体现了国务院对新媒体与政务应用结合的相关媒介范畴的进一步重心厘清、重点界定和理性思考。在多个新媒体平台一哄而上纷纷开通账户但是往往又因人手不够而经营不善的情况下,如何开展政务新媒体工作,如何做大做强一个新媒体平台,这是进行选择时候的一个重要的依据和标准。

第二，具有平等性，官民平等对话和交流。

跟传统的官民沟通方式相比，微博问政参与的门槛低、成本小、互动性更强。传统路径下的公民参与，需要通过非常正式的渠道，民众与官方沟通的难度很大、成本很高，对公众的组织和要求很高。民众通过微博实现沟通，就容易得多、快速得多，因为微博的公开性、传递快的特性，民众的诉求能够直接传达到政务微博平台上而被看到。以信息公开为例，传统的政务信息公开方式是由政府机构面向群众单向发布信息，群众只能被动接受政务信息。关于这些信息，民众如果有不同的想法和意见，难以跟政府传达和沟通。在微博上，网民随时可以把自己的声音传达出去，微博的互动性也使政府机构更有可能和机会看到网民的诉求并给出解决的办法。

与其他的网络问政方式相比，微博问政也往往具有更强的时效性和互动性。比如，论坛、博客、电子邮件，给政府网站留言版块留言等，都是个体面向政府的行为，个体的力量是很小的，个体的声音是很微弱的，要在浩如烟海的网络世界被政务人员发现并解答，其概率比较小，所以这些方式互动性很差。与政务微信和政务抖音等相比，政务微博由于开放性以及搭建的全覆盖、多级联动的庞大政务微博网络，表现出更强的互动力和传播力。比如，当社会中有突发性危机事件发生时，在最短的时间内把事件真相传播出去是非常考验党和政府的应对能力的。在传统媒体中，这个公开时限是 24 小时，在一般网络上是 4 小时，在微博上更快。政务微博也可以成为网民发表意见、汇集信息的平台，使纷繁复杂的信息在一个公共平台上集中，并使其成为热门话题，这个过程充分体现了微博强大的互动性。

随着微博问政的深入开展，很多政务微博账号成为网民的"贴心小伙伴"，而网民对政务微博也产生了很高的信赖感。对获得了民众信赖和认可的政务账号，网民也愿意主动提供线索和情报。这是优质政务账号经营获得的额外的"粉丝红利"。比如，当网友察觉到地震或疑似地震时，他们就会@"中国地震台网速报"进行核实和辟谣；当发现北京治安相关问题时，他们会主动@"平安北京"寻求科普或进行举报；等等。这些建立在价值认同基础上的高质量粉丝，也逐渐从"吃瓜群众"，演变为新闻和民意的"线人"、相声表演中逗哏的"乙"、官民之间穿针引线的"红娘"。网民参与政治的这一过程对整个社会的治理是非常有意义的，它使网络社会与线下社会紧密联结，既拉近了民众与政府的距离，又纾解了网民的很多不满情绪，有利于实现社会和谐。

第三，具有包容性，充分汇集网络民情民意。

微博可以汇集民意。一是可以通过草根微博可以通过信息技术收集最广大普通网民的意见和建议。微博具有的开放性、低门槛、覆盖面广等特征，使政务微博的粉丝随时可以通过在自己的博文中"@"、转发、评论、私信等多种方式，把自己的诉求和掌握的信息直接送给对应的党政机构微博或官员微博；党政机关可以广泛收集信息，然后利用大数据技术，提取、整理、归纳、分类网民的不同意见和主张，充分地研究和论证，将静态的信息与动态的变化相结合，将定性分析和定量分析相结合，在制定政策的过程中充分吸收和考虑群众的呼声，有助于决策的科学化、合理化。二是党政机关重点关注有影响力的草根或者"意见领袖"的微博，也有利于快速了解民意，了解社会舆论的发展动态和民间的关注重点，进而使各级党委和政府能够有效运用网络资源提供良好的公共服务。三是掌握群众的关注重点、诉求与愿景，有利于党政机关及时调整具体的政策策略，避免网络舆情被不良舆论操纵而出现舆情危机，进而有效化解社会矛盾促进社会和谐发展，构建良好的党群和官民关系。

许多案例告诉我们，在很多网络事件发生后，相关部门没有能够从网络发展动态中提前做好舆情研判，在发展过程中没有预测到舆情发展趋势，引导网民行为，往往会导致网络舆情危机出现。党政机关把政务微博与大数据技术相结合，随时进行网络舆情监测和研判，并且"推动体制外民意表达机制与体制内民意表达机制达到高度融合"①，将与百姓利益密切相关的社会问题转为公共议题，使政府的公共决策体现出民众的诉求，这是社会和谐稳定的助推器。

第四，具有个性化，"意见领袖"发挥桥梁作用。

大多数个体的草根微博，获得较多的关注是比较困难的，党政机关一般是通过大数据统计来了解网民的典型性问题和诉求，这是实现微博问政的渠道之一。另外一个渠道是通过重点关注网络上有影响力、粉丝群巨大的"意见领袖"，充分发挥其作为民众意见发言人和收集器的作用，了解民众的普遍想法。"意见领袖"一般都具有更高的语言表达能力和问题分析能力，其就一个社会热点事件发表的意见和看法，往往比一般网友说得更全面，认识得更深刻，他的影响力和号召力也更强。认同"意见领袖"观点的网民通过对其博文的转发，形成舆论的合力，在这个过程中，共识被逐渐达成。这也是网民们纷繁复杂的主张、意见和情绪达成一致的过程。党政机关从舆论引导的角度，可以培植一些传

---

① 宫秀川. 我国"微博问政"的规范化发展 [J]. 中共中央党校学报，2012，16 (4)：67-70.

播积极力量，引导网民正向、有序思考的"意见领袖"，这样会更有利于网络舆情的管理，有利于网络社会的和谐发展，有利于党和政府提高网络驾驭力。

微博问政是一种新型的民主执政方式，科学、有效地推进微博问政是党在网络时代变革执政方式的一次绝好的机遇。邓小平曾经说过："民主政治的好处，正在于它能够及时反映各阶级各方面的意见，使我们能够正确地细心地去考虑问题决定问题；它能够使我们从群众的表现中去测验我党的政策是否正确，是否为群众所了解所拥护。"① 微博问政的这些特点决定了它可以高效、迅速、低成本、快捷地与民众沟通，可以更准确地了解网络舆情变化，可以更好地解决民众提出的问题，可以做出更科学的决策，进而真正密切官民关系和党民关系，重新塑造党和政府的形象，使其提高网络执政能力。

二、微博问政的发展历程

微博问政这样一种新的民主参与形式自2009年出现，到现在已经走过了10年多的时间。在这10多年时间里，微博问政经历了一个迅速兴起、蓬勃发展、迅速推进壮大、不断兼收并蓄式创新前行的过程。其中，相较于个人微博、企业微博，政务微博发展势头更好，这是因为政务微博具有鲜明的因官方属性带来的权威性、准确性特质。所以，网民遇到重大问题需要问政于政府时，微博往往是"网民重要且首选的舆论参与平台、网民可信任的公开舆论场"，成功构建并拓宽了党政机关与人民群众沟通的新渠道。相较于政务微信，它的开放性更有利于信息

---

① 邓小平文选：第1卷［M］. 北京：人民出版社，1994：12.

传播。所以，即使政务新媒体新平台辈出，政务微博在政务新媒体中始终保持着主要平台的位置。概括来说，微博问政的发展经历了预热、起步、蓬勃发展、稳定发展几个阶段，在这个过程中，党和政府与8亿网民一起，共同成长、进步。

（一）预热阶段

2011年是"政务微博"横空出世、大放异彩的开始，但其实在此之前，以网络论坛、博客、政府网站等平台为主的"网络问政"方式已经出现，并且引起了党和国家领导人、党政机关以及普通网民的关注和认可，为微博问政的兴起起到了预热的作用。

时间需要追溯到2008年。这一年，网络问政蔚然兴起，成为媒体上的一个热门词汇。其标志性事件是2008年6月20日，在《人民日报》创刊60周年之际，时任中共中央总书记的胡锦涛同志前往该报考察工作，并了解了人民网"强国论坛"的情况。他通过视频直播直接与网友进行在线交流，并且强调指出："互联网已成为思想文化信息的集散地和社会舆论的放大器，我们要充分认识以互联网为代表的新兴媒体的社会影响力。"[①] 他同时指出，"网友们提出的一些建议、意见，我们是非常关注的。我们强调以人为本、执政为民，因此做事情、做决策，都需要广泛听取人民群众的意见，集中人民群众的智慧。通过互联网来了解民情、汇聚民智，也是一个重要的渠道"[②]。国家领导人的身先示范作用是对"网络问政"的极高认可。

第一个政务微博诞生于湖南省常德市桃源县政府，开通时间是2009年11月2日，微博账号是"桃源政府网站"，认证信息是"湖南

[①] 胡锦涛．在人民日报社考察工作时的讲话[N]．人民日报，2008-06-21（4）．
[②] 了解民情汇聚民智 国家民众增强互信[EB/OL]．新浪财经，2008-06-21（4）．

桃源县政府网站官方微博"。开通人余立斌当时是桃源县信息化办公室主任，信息化职业的敏感性让他意识到微博作为工作宣传工具的优点："不管是在哪里，什么时间都可以发布信息，而且传播快，使用的人群多，是个宣传常德的好办法。"① 随后，"桃源县人民政府"也正式开通，半年后其粉丝达到7300人。微博虽然那时候还未被广大网民认知，加上受地域和基层区域限制，第一家政务微博的开通当时并没有引起很大的关注，但作为国内政务微博的试水者和先行者，其"敢为天下先"的首创精神和对网络社会发展的敏锐的觉察力，值得称道。

其实，关于谁是"国内首个政务微博"，人们曾有过争议，因为还有一家政务微博与"桃源政府网站"几乎是同一时间开通的，并且比"桃源政府网站"的影响力更大、粉丝更多、关注度更高，它就是"微博云南"。2009年11月21日，在云南昆明的螺蛳湾批发市场，100余名商户因为不愿意搬迁而造成群体性事件。时任云南省宣传部副部长的伍皓力主开通了账号为"微博云南"的政务微博，这是全国第一家省级政府级别的官方微博。这次通过微博发布信息、平息事态的做法引起了网民的关注，《人民日报》也专门刊发文章评价："先做后说难免滞后，边做边说才有主动。在依法处置的同时，及时对群众的疑惑作出诚恳回应，及时反思事件背后的利益诉求，也与开新闻发布会、开微博同样重要。"② "微博云南"的出现使政务微博正式映入大众眼帘，它赢得了"中国第一家政府微博"的称号。从时间上来看，这两家政务微博都开通于2009年11月，桃源微博更早一些，两者共同开创了政务微博

---

① 人民网舆情监察室. 指尖上的"政"能量：如何运营政务微博与微信［M］. 北京：人民日报出版社，2013：36.
② 人民网舆情监察室. 指尖上的"政"能量：如何运营政务微博与微信［M］. 北京：人民日报出版社，2013：38.

的时代。

之后，数位对网络触觉敏锐、比较接受新事物的政府官员先后"触网"，开通官员微博推动所辖区域政务职能的业务开展。上面案例中在螺蛳湾事件中推动开通"微博云南"的伍皓就是最早一批微博"触网者"和微博"红人"。2009年年底，伍皓开通"伍皓红河微语"，这是首位实名开通微博的厅级官员，其微博发文密度高、回应速度快，粉丝数很多，他随时随地为老百姓解决各种各样的问题，得到老百姓的支持。短短几年的时间，到2012年3月"@伍皓红河微语"的粉丝数就达到170万+，发表微博数为10771条，截至2019年3月，他的微博数达到16156条，微博活跃度非常高。

微博在2010年两会期间大放异彩，"微博报两会"使微博第一次担当起参政议政的平台角色。在两会开幕之前，时任国家主席胡锦涛在人民网开通了微博账号，虽然没有发布博文，但是具有标志性意义。温家宝同志于2009、2010、2011年连续三年在"两会"召开前夕通过网络与民众交流，听取民意。2010年的安徽省两会上，"网络问政"被正式写进了工作报告中，可见政府层面对网络问政这种公民参政议政形式高度重视。这一年，许多政务机构和官员开通政务微博，并形成一种潮流，微博作为政务公开、澄清谣言、为老百姓答疑解惑的重要工具和武器，正尝试着开辟了一条政府和民众沟通的新渠道。

（二）起步阶段

这个阶段我们界定为2011年和2012年。2011年被称为"政务微博元年"，这一年，政务机构和官员微博开通呈百花齐放、快速攀升态势，改变着中国互联网舆论载体的格局，政务微博成为网络问政中最具影响力的一种平台和载体。微博问政的时代正式开场。2012年，政务微博进一步兴起，覆盖面更广、微博质量更高、运营更专业、影响力更大，并在大范围内应用。在这个阶段，微博问政主要呈现以下特征。

第一，微博普通用户和政务微博注册数量激增，呈现井喷式发展。

2011年，中国政务机构和官员微博数量快速攀升。据国家行政学院电子政务中心发布的统计报告《2011年中国政务微博客评估报告》显示，截至2011年12月10日，在新浪网、腾讯网、人民网、新华网四家微博网站上认证的政务微博客总数为50561个，其中党政机构微博32358个，党政干部微博客18203个。新浪政务微博发博总数为31894816条，平均每个政务微博发博数约为531条。[①] 截至2012年12月20日，新浪网、腾讯网、人民网、新华网四家微博客网站共有政务微博客账号176714个，较2011年新增了126153个，增长率为249.51%；共有党政机构微博客账号113382个，较2011年新增了81024个，增长率为250.40%；共有党政干部微博客账号63332个，较2011年新增了45129个，增长率为247.92%。详见图2-2。2012年，前100名党政机构微博客受众总数量平均值为146万个，平均发布微博数为7900条，日均22条，所发微博被转播平均值为27.7万条，日均被转播760条，所发微博被评论平均值为7.3万条，日均被评论199条。2012年，前100名党政干部微博客受众总数量平均值为59万个，平均发布微博数为8800条，日均24条，所发微博被转播平均值为15.1万条，日均被转播410条，所发微博被评论平均值为4.3万条，日均被评论118条。[②] 新浪微

---

① 国家行政学院电子政务研究中心.2011年中国政务微博客评估报告［EB/OL］.中国电子政务网，2012-04-14.
② 国家行政学院电子政务研究中心.2011年中国政务微博客评估报告［EB/OL］.中国电子政务网，2012-04-14.

博注册用户总数突破 4 亿。庞大的普通网民微博数目和政务微博数目共同组成了 2011 年热点高涨的微博世界，使微博成为传播力、互动力、影响力最强的社交网络平台和民众政治参与平台。

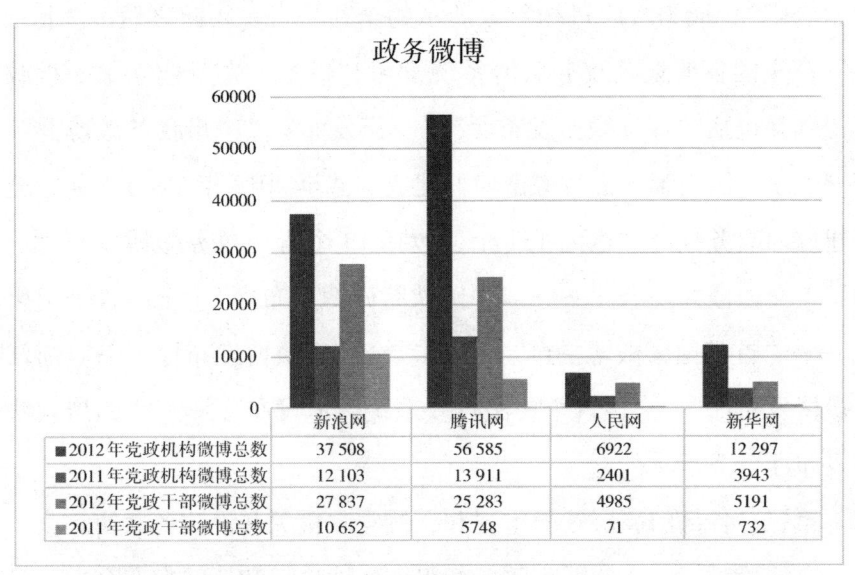

图 2-2　2011、2012 年不同平台党政机构微博总数对比

第二，第一个政务微博发布厅出现，开启了集群化发展道路。

2011 年 11 月 17 日，"北京 weibo 发布厅"在新浪网上正式上线，这是全国各省、区、市首个省级政务微博发布群，它是政务机构发挥微博的联合优势的尝试。这个微博发布大厅初建时联合了公安局、卫生局等 20 个政府微博和 7 个新闻发言人的个人微博账号，它是政务微博应用上的一大突破和创新，是城市职能部门发布政务信息和提供服务功能的聚合，开始了微博的集群化发展道路。"北京 weibo 发布厅"主要是针对北京市各职能部门政务微博信息分散、难以协调、难以形成合力的状况，希望整合这些政务微博的力量，形成微博合力，经过了半年多的发展，其成员达到了 70 个，建构了北京市政务微博集中统一发布信息的平台。该平台建立后，充分发挥了集群优势，可以更及时、全面地发布最新的政令新闻，有效地整合了北京的信息资源，部门"独唱"变为"合唱"，成为政府机构形象展示的全新平台。在此之后，"北京模式"被全国各地党政政务微博系统学习和借鉴，先后建立了一批政务微博群，包括"深圳微博发布厅""上海发布""广州政务微博群"等相继上线，国内第一批政务微博群建成。截至 2012 年 11 月上旬，全国共建成的政务微博群达到 131 个，包括 13 个省级政务微博发布厅。全国首个交通微博发布厅——"中国铁路微博发布厅"、全国首个卫生系统——"首都健康微博平台"、全国首个公安微博发布厅——"浙江检察微博发布厅"、全国首个司法行政系统微博发布厅——"四川司法微博发布厅"先后上线。

第三，各部门高层领导重视和支持党政机关开设政务微博。

在这段时间，在一系列政务新媒体发展论坛和新闻发布会上，相关高层领导一再强调政务微博在政务信息公开和服务方面的重要作用，支持各级部门开通政务微博，并要求政务微博实实在在为群众服务。其中时任中宣部副部长和国家互联网信息办主任的王晨曾在国办新闻发布会上，时任最高人民检察院党组副书记的胡泽君曾在第十届全国检察长论坛上，时任司法部副部长的张苏军都曾明确提出和强调要重视微博等新型媒体的建设和利用，要占领信息发布的"制高点"。

现任中央政治局常委，时任浙江省委常委、组织部部长的蔡奇是触网最早的政府高级官员之一。2011 年 1 月 12 日，蔡奇开通了认证为"中共浙江省委组织部部长"的实名微博"蔡奇"，不到半年时间，粉丝数目就超过了 100 万。这是第一个粉丝超百万的部级官员微博。紧随其后，开通微博的政府高官是时任新疆维吾尔自治区党委书记的张春贤，2011年3月2日，他在腾讯微博上开通了实名微博，成为当时国内开通实名微博的最高级别官员。

第四，中央部委微博发展良好，基层政务微博开始兴起。

2011—2012年，省部级政务微博因为对其的重视度和认识度比较高，发展比较快速，厅局级和县处级也在跟进中。非常难得的是，基层区县、乡镇、街道等基层微博也开始认识到政务微博的重要性，大量的基层微博账号开通，并在实践中发挥积极作用。

以新浪微博的数据为例，部委微博数目自2011年10月后增长迅速，到2012年年底，有20个部委（含下属司局）及部委级组织在新浪网上开通官微账号，包括外交部、商务部、卫生部、国家发改委等国务院下属组成部门，国家林业局、国家旅游局等直属机构。在这20个部委中，开通官方微博总数已经达到46个。2012年11月9日，"国务院公报微博"在新浪微博上正式开通，这是当时唯一一个以"国务院"开头的官方微博。这些政务微博的开通，充分体现了中央部委对微博问政方式的重视，政务微博成为党政机关执政为民的重要工具。

截至2012年11月19日，人民网舆情监测室分别对新浪微博中34539个党政机构和25525个公务人员微博进行分析，得出所有党政机构和公务人员微博行政级别分布情况，如图2-3所示。

通过上述分析，我们可以看到，政务微博的发展几乎是一起进入了高速通道，政务微博的开通数量之大、政府机构和官员对其的重视程度之高、对政务微博进行集群化发展道路的创新性，甚至基层微博的推进速度都是超乎想象的。政府机关、公务人员运用微博和网民互动的效果

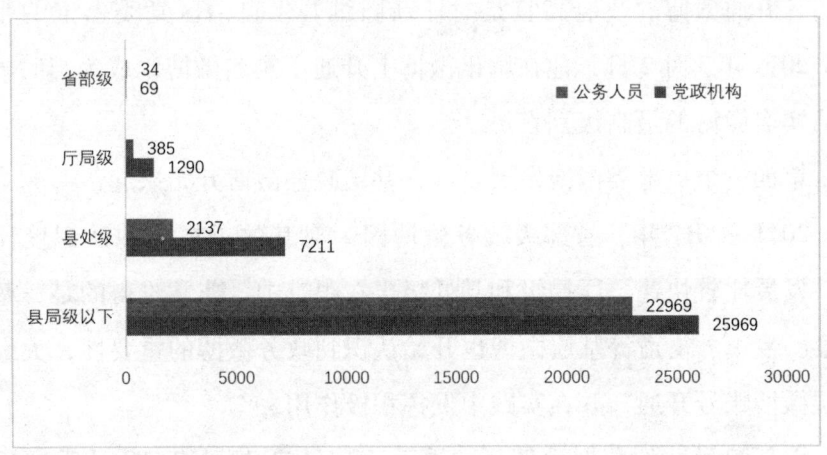

图 2-3 截至 2012 年年底，新浪政务微博行政级别分布情况

资料来源：国家行政学院电子政务研究中心《2013 年中国政务微博客评估报告》。

很好，得到了民众的认可，在功能上逐步实现了由"信息发布"到"服务民生"的转变。在这个过程中，网民看到了党和政府利用政务微博发布信息、服务广大网民的力度和诚意，党政机关也进一步了解了民意民情，感受到了广大网民参政议政的热情，这在一定程度上突破了"权力围墙"，推动了官员和民众的平等交流、高效互动。通过微博问政，党和政府与民众拉近了距离，赢得了民众的信任，树立了党和政府的良好网络形象，这是一个巨大的进步。

（三）蓬勃发展阶段

2013 年至 2015 年是政务微博蓬勃发展的时期。2014 年是一个特殊的年份，中国在这一年接入国际互联网整整 20 周年。经过 20 年的发展，中国手机网民数量达到高峰，信息网络技术发展迅猛，并为政府提升网络执政能力、拓宽服务新路径提供了物质和技术基础。在这一阶段，以政务微博为载体的微博问政呈蓬勃发展态势，进入新一轮快速发展阶段。政务微博成为政务工作"新常态";政务微博向基层快速发展,覆盖面极为广;政务微信崛起,"两微一端"成为政务新模式。政务新媒体的覆盖力、传播力、影响力、互动力达到一个很高的水平,政务微博成为政务部门发布权威信息、应对突发事件、引导网络舆论、提供政务服务的重要阵地,成为党加强党政民互动、创新执政方式的助推器。

第一,政务微博成为党政部门的"标配"。

这几年,政务微博的发展保持了良好势头,数量持续快速增长,不管是官微开通数量,还是政务微博粉丝数量、政务微博博文的发布量都在持续增加。

政务微博账号开通数量持续增长。《中国电子政务年鉴(2014)》指出,到2014年12月,中国政务微博认证账号(含新浪、腾讯两大平台)达到27.7万个,同比增长42.1%,其中,2014年经过新浪平台认证的政务微博达到130103个,较上一年年底新增近3万个。2015年,政务微博认证账号(含新浪、腾讯两大平台)达到28.9万个。①

粉丝数量持续增长。网民在政务领域非常信赖政务微博的官方属性和权威性,形成了一支庞大的粉丝队伍。到2014年年底,政务微博粉丝量总计43.9亿人次,2015年粉丝量总计51.6亿人次,累计同比增长了17.6%。人均关注政务微博账号为3.2个。②

政务微博博文发布量持续增加。2014年,政务微博年发布量达1782.3万余条,同比增长20.1%,转发评论量达2.3亿条,同比增长

---

① 电子政务理事会. 中国电子政务年鉴(2014)[M]. 北京:社会科学文献出版社,2015.
② 电子政务理事会. 中国电子政务年鉴(2014)[M]. 北京:社会科学文献出版社,2015.

17.5%。2015年,中国政务微博发布量达到2102.7万余条,转发评论量达2.7亿条。2015年,全国政务微博原创度较2014年同期有所上涨,原创率达57.4%,接近三成政务微博账号的原创率达到80%以上。① 很多政务微博采用多种形式,如图片、视频、音乐、漫画等,提高了微博的趣味性和吸引力,接地气又有意思,吸引了更多的网民关注,提高了政务微博的亲民性,推动了官民沟通。在这个过程中,涌现出一大批广受网友肯定和热捧的政务机构微博大V和官员微博大V,他们成为政务微博明星。

以"共青团中央"为例。"共青团中央"是共青团中央的官方微博,开通于2013年12月27日,旨在构建面向全国团员青年及时传递党团信息、倾听青年声音、分享青春故事、弘扬青春能量、服务青年需求的网上新平台。"共青团中央"微博开通后,共青团系统形成了团中央、省、市、县四级微博工作格局。我们找到"共青团中央"的一组数据(如表2-1)。截至2014年7月7日,"共青团中央"开通仅仅半年后,微博总数就达到1586条,平均每天发布微博8条,最多的时候达到每天19条,互动率达到1.2%,博文原创率达到80%,粉丝数达到111万。通过如此高频率的微博发布、庞大的粉丝基数,以及跟网友的强互动率,共青团中央打造成了一个及时传递党团信息、弘扬青春能量、激励广大青年奋斗并共筑中国梦的优质微博账号。

---

① 电子政务理事会. 中国电子政务年鉴(2014)[M]. 北京:社会科学文献出版社,2015.

<<< 第二章 微博问政助推党的执政方式创新的逻辑

表 2-1 共青团中央微博数据

微博昵称	微博原创率	微博总数	平均微博数	粉丝数	关注数	互动率	平均被转发数	平均被评论数
共青团中央	80%	1586	8条/天	111万	144	1.2%	1366	326

注：以上统计数据截至2014年7月7日22:00。
数据来源：人民网舆情监测室《2014年上半年新浪政务微博报告》。

在官员政务微博方面，时任公安部打拐办主任陈士渠开通的实名微博"陈士渠"，截至2014年7月，粉丝数达到560多万，微博发文数达到3622条，严厉打击了拐卖儿童的犯罪行为，也让更多丢失孩子的家庭找回了自己的孩子，使万千家庭重新团聚。

中央国家机关微博继续发挥明星效应，成为各级单位各行业的"领跑者"。2015年，中央国家机关政务新媒体共发布信息47万多条，覆盖人数多达2.8亿。"中国政府网""公安部治安管理局（公安部打四黑除四害）""共青团中央""最高人民法院"等单位表现尤其突出。中组部官方微信"共产党员"在微信平台中表现最为亮眼。国防部新闻事务局官方政务新媒体"国防部发布"成为2015年上半年最受网民热捧的政务新媒体新军。2015年下半年，"国家队"的新成员"文化部"的加入则成了当月政务新媒体的热点事件，它开通首日便引来数十万网民的关注。

从行业上看，各大行业纷纷进驻政务微博，其中共青团、公安、外宣、司法、旅游等部门的政务微博在全国政务微博中覆盖面较广。①

第二，覆盖面广，全国31省份全部开通微博，且向社区和农村基

---

① 新华网舆情监测分析中心.2015年全国政务新媒体综合影响力报告[EB/OL].中共中央网络安全和信息化委员会办公室，2015-08-18.

层延伸。

到 2014 年，政务微博实现了省级全覆盖，全国 31 个省份全都开通了政务微博。其中，江苏、北京、广东、河南四省政务微博开通数量较多，总数超过 7000 个。各省市微博数量不太均衡，东部地区明显比中西部地区政务微博数量多，整体呈现两条"带状"：一条是从辽宁东部一路向南延伸到广东的东部沿海微博带；一条是从河南、陕西，向湖北、四川延伸的中部地区微博带。西部地区微博开通率较低，青海、西藏的微博数目都在 1000 以下，新疆的微博数目在西部地区比较领先。

截至 2014 年上半年，全国 34 个省级行政区划的政务机构微博和公职人员微博分布情况分别如下。与 2013 年年底相比，党政机构微博总体增幅为 26.3%，甘肃、陕西、青海和西藏四省区的党政微博高速增长，增长比例超过或者接近 50%，它们的增幅分别为 60.50%、52.66%、66.36% 和 49.20%。河北、江西、山西和黑龙江四省的党政机构微博的比例达到了 30% 以上的增幅，它们的增幅分别为 37.01%、37.47%、33.88% 和 39.13%。江苏、北京、河南、四川、山东、新疆、云南、安徽、贵州、吉林的党政机构微博的增长比例超过了 20%。这些省份的党政机构微博比例的增长幅度分别为 26.20%、20.65%、28.37%、20.94%、21.76%、23.95%、20.89%、26.93%、21.70% 和 24.46%。[①]

各地在推动政务微博和政务微信发展的过程中，不断拓展和延伸其政务服务功能，尤其是城市社区和县域及以下的农村基层，充分利用这些政务新媒体，为网民提供切实的公共服务，用微博、微信搭建起公共

---

① 人民网舆情监察室.2014 年上半年新浪政务微博报告［EB/OL］.人民网舆情频道，2014-07-24.

服务的平台。广大网民群众在家里用电脑和手机直接办理完成的公共事务数量明显增加,在社区或者农村基层就近办理服务事项的数量明显增加,民众对政府不断开辟的网络服务窗口非常满意,切切实实受惠于政府提出的"让数据多跑路,让群众少跑路"的网络服务政策。

第三,"多微联动""两微一端"互相助力,实现协作、互补。

"多微联动"是指政务微博与媒体微博、政务微信互相联合、实现联动互补优势,打造舆论场上的"国家队"。"两微一端"是指政务微博、政务微信与政务客户端三者协作互补,发挥联动优势。国家通过两微一端、多微联动可以进一步整合各类资源。随着政务微博矩阵体系逐步建立,账号协同联动在日常运营中已经比较普遍,政务微博跨部门、跨级别、跨地区联动的意识和能力也不断提升。

可以说,以政务微博为主,包括政务微信、政务客户端在内的"多微联动"是必然趋势。一是政务新媒体与媒体微博、"意见领袖"、网络大V的联动有利于提高信息的传播力和宣传力,实现更好的信息公开和政务服务职能。2014年,国家举行首个南京大屠杀死难者国家公祭日,中共中央总书记习近平也参加了这次公祭仪式,南京大屠杀过去了77年,我们并没有忘记历史上的这一惨案。全国人民高度关注和重视这次公祭仪式。南京的相关政务微博设置了"国家公祭日"话题,引起了全民的共同参与,媒体微博和很多"意见领袖"微博也积极参与,共同关注和参与"国家公祭日"活动。几天之内,跟"国家公祭日"相关的话题产生了20亿阅读量、40万讨论量,130多万网民通过手机端参与了网上祭祀活动。① 政务微博、媒体微博和网络大V多微联

---

① 刘凌. 政务微博成为"新常态"[N]. 人民日报海外版, 2015-01-29(8).

动、同频共振已经成为一种常态，联手协作，共同打造舆论场上的"合唱队"。

二是政务新媒体内部的联动互补也是必然趋势。普遍来讲，每个党政机关现在都会开通政务微博、政务微信账号，甚至创建政务客户端，所以同一个机关开设多个新媒体账号，在运营的过程中自然而然就会想到实现几个平台账号之间的共享和融合，打通不同平台，利用各个平台的优势回避其劣势，实现资源的整合、共享，提高行政效率和服务效率。2014年被称为"政务微信元年"，这一年政务微信异军突起，成为政务新媒体队伍中的一匹黑马，受到党政机关和网民的大力热捧。截至2014年年底，我国政务微信公众号17217个，推送内容超过300万次，推送微信文章达到1200余万次，累计阅读量超过15.3亿次。政务微博和政务微信各有优势，特点不同。政务微信在提供政务服务方面，在满足用户查询、申报、缴费等公共服务方面更具优势，故而它更适合被打造成"微服务"平台。比如，政务微信号"贵州发布"，可以实现"一号进入、尽知贵州"，其中"包含近90个全省重点政务微信和近60个政务微博账号，涉及省直已开通的29项网上办事项目，用户可以足不出户、随时随地查询或办理"①。

"两微一端"这三大主要的政务新媒体平台成为政务服务和信息公开的新模式。各单位重视双微共同发展，政务新媒体的功能性逐步增强，从单一平台、单一发布、单一形式向多平台、多职能、多形式积极转变，百万级乃至千万级的"政务微博大V"脱颖而出，越来越多的"10w+"精品微信文章和崭新的线上功能也成为2015年中央国家机关

---

① 电子政务理事会.中国电子政务年鉴（2014）[M].北京：社会科学文献出版社，2015.

政务新媒体的亮点。

综上所述，在这一阶段，微博问政蓬勃发展，政务新媒体多平台百花齐放，发展势头良好，在集群建设、双微互补和资源整合等方面取得进一步突破。

（四）创新性发展阶段

2016年以来，政务微博进入3.0时代，成为政府日常工作的重要形式。到2019年，政务微博已经走过了10个年头，经过了多年的飞速发展，成为政务新媒体中发展起步最早、最具开放性，同时也是最成熟的平台。政务微博越来越稳定、多元化，党政机关对待微博问政的观念越来越开放、积极，充分利用互联网世界涌现的新技术、新平台开疆拓土，在应对舆情危机、推动政务信息公开、提供政务服务等方面多有创新之举，为网民提供更加具体化、立体化的服务，不断完善改进政务体系建设和管理方式，提高政务微博质量，搭建好沟通国家政府与社会个人的桥梁，助力我国政务服务建设。微博问政已经成为改进党的执政方式和政府行为方式的加速器。

第一，政务微博在数量上有所增加和在质量上有所提高。

政务微博总量稳中有升。从2016年到2018年，政务微博总数一直稳中有升，持续增长，在基数庞大的基础上保持持续增长。我们单以新浪微博平台的统计数据为例做一比较。2016年年底、2017年年底、2018年年底，政务微博的账号数分别是164522个、173569个、17.6万个，分别比上一年增加12132个、9047个和4000多个。在政务微博开通数量已经如此之大，而且政务微信、政务抖音大受热捧的情况下，政务微博保持着稳定增长的态势，实属不易。

政务微博在质量上更加精进，向纵深化、精细化、专业化、垂直化发展。一是继续发挥矩阵优势，发挥微博的集群化力量，实现上下级之间多级联动，向垂直化发展。二是政务微博普遍向精细化、个性化和专业化方向打造，活跃度提高。根据人民网舆情监测室发布的《2017年上半年人民日报·政务指数微博影响力报告》，2017第二季度与第一季度相比，全国各省的政务微博的拥有率没有明显变化，但是活跃度整体显著提升，在评论率、转发率以及回复率方面有很大的提高（图2-4）。

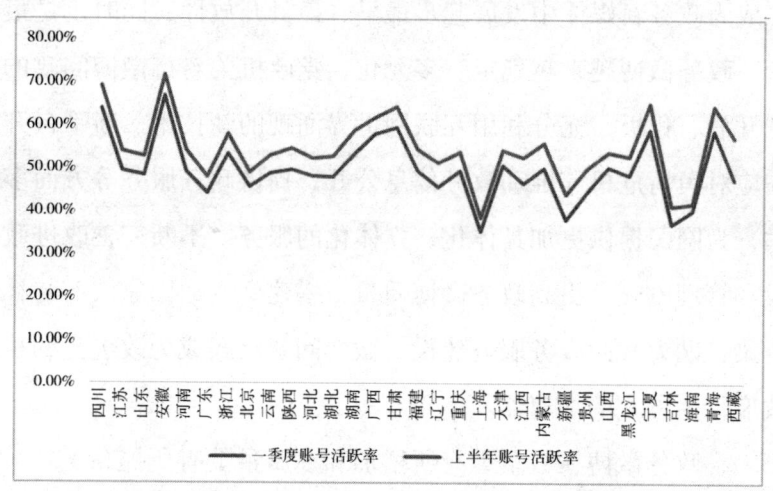

图2-4 各省一季度政务账号活跃率与半年度政务账号活跃率

中央部委政务微博的矩阵建设更加完整。一般来讲，政务微博账号开通机构的行政级别越高，微博的辐射面越广，受众越多，影响力越大。2016年，海关总署办公厅官方微博"海关发布"和环境保护部官方微博"环保部发布"① 等账号先后开通,2017年,随着中共中央发布《深化党和国家机构改革方案》,中国海警局官方微博"中国海警"开通,国家市场监督管理总局官方微博"中国市场监管"开通,以及由文化部和国家旅游局整合组建的文化和旅游部开通了新官微"文旅之声",取代了原来的账号"文化部",退役军人事务部、国家移民局等部门也将开通微博提上日程。这些微博账号的开通使部委微博的覆盖面进一步扩大,矩阵更加完整。相比较各地方微博,部委微博级别高,可以调动的资源更加丰富,形成更大范围的信息和服务共享,有利于为网民提供立体、快速和优质的服务。

行业微博和各省微博的"偏科现象"有所改善。一直以来,政务微博的发展存在行业上的不均衡状况,因行业属性不同,公安行业、外宣行业等一直运营得风生水起,网民基础牢固、发声及时、互动得力,但是气象、教育等行业的政务微博发展相对不济。近两年,这种现象有所缓和与改善,以往某些相对弱势的行业微博于2018年打了一场漂亮的"翻身仗",进步非常明显。这些后起之秀,在面对重大舆情的时候,也能利用政务微博及时发声、作出回应,履行自身职责。文博行业领域,在2018年"5·18国际博物馆日",20多家各地博物馆进行了一场网络联动直播,主题是"超级连接的博物馆:新方法、新公众",用数字技术打通民众与藏品之间的距离,吸引更多的人走进博物馆,使传统文化在科技的助力下迸发出前所未有的生命力和吸引力。卫生微博方面,2018年7月,长春长生疫苗事件爆发引起了全国的恐慌和愤怒,

---

① 2018年3月22日,"环保部发布"改名为"生态环境部"。因2018年国务院机构改革,组建生态环境部,不再保留环保部,因此该账号改名。账号主体也发生了变化,由此前的环保部宣教司改为生态环境部。

"中国药品监管"针对这种情况快速做出回应,在几天内连续发了19条博文,内容包括疫苗知识科普、补种措施、事件调查真相、回应网民的问题等,在很大程度上缓解了民众的焦虑、不满和恐惧情绪,减少了谣言和恐慌的弥漫。

从省域分布上来看,西部地区的微博量增速较快,正尽力追赶,迎头而上,"西藏、青海和宁夏的增长率均在24%以上,其中西藏、宁夏和青海政务机构的增长率分别为32%、30%、27%,青海和内蒙古的公职人员增长率分别为20%、13%"①。这说明西部地区正在认识到政务微博的重要作用,着力推进微博问政的进程。

第二,政务微博气质个性化、表现形式多元化,拉近了与网友的距离。

政务微博在不断成熟的过程中,开始打造自身的个性化特征。一大批个性鲜明的政务微博开始尝试改变过去一本正经、"千微一面"的官方面目,用更人性化、接地气的面貌发布博文,拉近与网民,尤其是年轻一代网民的距离。比如,"@中央气象台"官微在预报天气的时候,一改过去严肃形象,用生动活泼的语言播报天气,塑造了自己"萌萌哒"的形象,非常受年轻人的喜欢和欢迎。图2-5、图2-6分别是2019年3月27日和3月30日中央气象台发布的两条微博,我们看后能够感受到其鲜明的风格,既起到了播报天气预报的目的,又语言幽默、图文并茂,非常适合现代年轻人的胃口。

---

① 人民网舆情监察室. 2018年人民日报·政务指数微博影响力报告 [EB/OL]. 人民网舆情频道, 2019-01-22.

中央气象台 V

3月27日 09:22 来自 微博 weibo.com

来来来，新一轮气温满减促销上线😂满20减10，良心公道，童叟无欺，北方明天优先折，南方促销时间晚但折扣低，最低气温出现在周日，别说萌台没提醒，春捂秋冻，春捂秋冻，不要小瞧狡猾的冷老贼，虽然大势已去，但还是会顽强的进行反扑😂#升温的道路一直是艰难而曲折的#

图 2-5　中国气象台 2019 年 3 月 27 日微博

 中央气象台 V

3月30日 11:46 来自 微博 weibo.com

一句话（一张图）描述一下，今天的风有多大😂

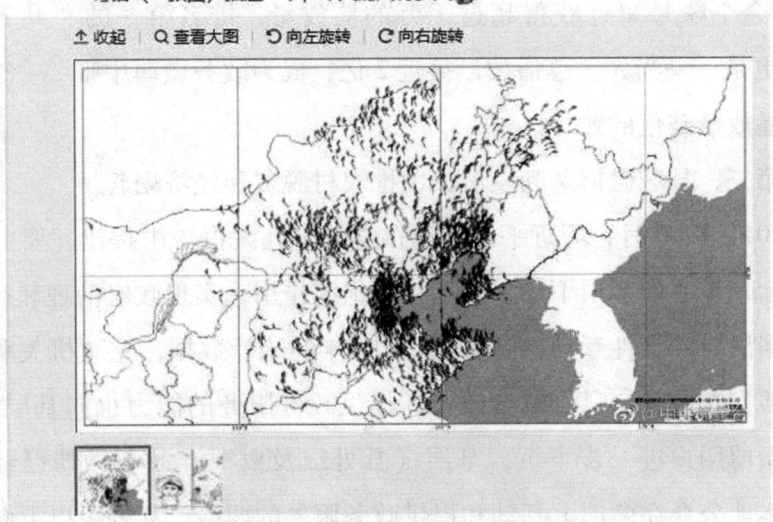

图 2-6　中国气象台 2019 年 3 月 30 日微博

这些微博号非常生动有个性，网民在跟帖互动的过程中，似乎是跟一个老朋友、段子手或者"怪蜀黍"聊天，有立场、有生机、有热度、有感召力，它成功地吸引网民的关注、转发和评论。

政务微博吸收多种表现形式，利用短视频和网络直播创新传播方式。近几年，新的传播方式如网络直播、网络视频等大受网民追捧，政务微博把这些形式全吸纳过来，借力网络直播、视频等加强自身表达的直观性、多样性和趣味性，得到了广大网民的认可。尤其值得肯定的是，在运用直播和短视频的时候，政务微博非常注重内容和形式的结合，用新媒体形式准确宣传政务内容，探索与政务宣传最贴切的表达形式，做了种种探索，取得了不错的效果。据统计，2017年，政务微博上传的原创视频数量超过了100多万条，部分账号上传视频数量达到1000条以上，日均上传量超过3条。在发布原创视频的账号中，其中有60余个账号累计获得超过千万的播放量，排名第一的"共青团中央"更是一马当先，总播放量接近2亿，成为政务微博中唯一一个原创视频播放量破亿的账号。

第三，县域微博蓬勃发展，助推农村脱贫和经济崛起。

2017年10月，习近平总书记在党的十九大报告中提出，要"推动社会治理重心向基层下移，发挥社会组织作用，实现政府治理和社会调节、居民自治良性互动"①。根据2018年的统计数据，党政机关利用政务微博发布政务信息、解读政策、提供政务服务的能力也向基层下移，政务微博用户进一步下沉，基层（县处级及以下）政务微博已经承接了与本地公众在微博上互动和提供政务服务的职能。县处级以下政府机

---

① 习近平．决胜全面建成小康社会 夺取新时代中国特色社会主义伟大胜利：在中国共产党第十九次全国代表大会上的报告［EB/OL］．中国政府网，2017-10-27．

构开通的政务微博数量大幅增长，县处级公职人员的增加比例最高，达33%。①

习近平总书记在2018年8月21日召开的全国宣传思想工作会议上指出，要扎实抓好县级融媒体中心建设，更好引导群众、服务群众。这是从国家层面解决新媒体服务"最后一公里"的问题。我们国家县以下行政区域主要是农村地区，覆盖面积大、人口多、经济技术相对落后，国家的管理能够深入这些地区，关系重大。加强县域融媒体中心建设就是为了保证在基层，党和国家的意识形态能够被坚守、国家意志全面覆盖，以及基层治理到位。在县域新媒体中心的建设过程中，政务微博已经铺设了广泛的关系网，具有先天优势，也必须起到"排头兵"的作用，有效提升县级主流媒体的传播力、公信力、影响力和舆论引导能力。社会治理重心普遍下移，县级及以下基层官微在面对舆情问题时，及时利用掌握的政务新媒体资源，回应舆论关切，不仅能够体现微博在应对地方突发事件时的重要性，而且凸显了地方政府网络执政力的提高。例如，2018年7月8日11时47分，四川荣县发生一起刺伤案件，"荣县公安"立即响应，仅仅花费一个半小时就抓获了犯罪嫌疑人，于下午1时19分就在官微上发布了通报，安抚了当地人民的恐惧情绪，平息了各种议论，得到当地民众的认可。

中国县级及以下单位人口众多，政务微博充分利用现代信息技术，发挥基层微博本土化、接地气、了解当地民情民意的优势，搞好地方治理，宣传地方特色，在最广大的农民中间树立基层党组织和政府的形象，作用重大，意义非凡。2017年上半年，县级、乡级政府和居委会、

---

① 人民网舆情监察室.2018年人民日报·政务指数微博影响力报告[EB/OL].人民网舆情频道，2019-01-22.

村委会等基层群众自治组织"互联网+政务"的社会治理能力和水平显著提高，涌现出一批优秀的基层政务微博。运城市盐湖区上郭乡路家庄遭遇苹果滞销，村委会官方微博"山西路家庄"及时发布滞销信息，并@一批微博名人，获得大量关注。

政务微博充分发挥微博作用，助推农村扶贫工作。近些年，政务微博逐渐发展成为扶贫的新战场。2018年10月，"国务院扶贫办"（国务院扶贫开发领导小组办公室官方微博）正式上线，旨在成为脱贫攻坚原创权威新闻的首发平台，标志着国务院层面利用政务微博平台打响脱贫攻坚战的开始。党的十九大报告明确提出，要注重扶贫同扶志、扶智相结合。如何借助微博的传播和连接能力帮助贫困地区的特色产业形成品牌，并借助明星名人、媒体、企业的传播快速提高知名度，这也成为微博方面当下一直在探索的精准扶贫的创新方向。2018年起，党中央、国务院将每年农历秋分设立为"中国农民丰收节"。为配合首届农民丰收节的举办，微博发起了一系列旨在帮助贫困县建立特色品牌的活动，邀请各地政府和在"三农"领域有影响力的用户共同参与。微博还联合"中国扶贫基金会""央视新闻"、商务部电子商务及信息化司等机构，发起#向亿万农民致敬#、#我家有好货#和#丰收的家乡#等活动，连接起了更多社群电商平台，使很多贫困县农产品被大家关注，增长了销量，树立了品牌。不仅如此，微博还深入线下，与各地政府联动，挖掘本地特色产业资源，通过微博进行持续推广，打造具有本地特色、在网上有知名度和吸引力的产业品牌。在各方的积极努力下，越来越多的优秀区域品牌借助微博平台的影响力在互联网上成长壮大。

第四，加强监督互动打造共建共治共享的社会治理格局。

党的十九大报告对新时代社会治理进行了富有深刻内涵的表述，提

<<< 第二章 微博问政助推党的执政方式创新的逻辑

出要"打造共建共治共享的社会治理格局"①,这是对以往"完善党委领导、政府负责、社会协同、公众参与、法治保障的社会治理体制"在认识上和理念上的进一步深化和拓展,它"从根本上体现了以人民为中心的主体定位,内涵着对全体人民意志的遵从,对全体人民参与权利的肯定,对全体人民利益的敬畏"②。

打造共建共治共享的社会治理格局是一项系统工程,在这一过程中,政务微博大有可为,且其作用不可替代。首先,通过微博可以加强对政府管理和服务的依法监督。政务微博以自身特有的开放性、广泛性、亲和性,为居民依法监督提供了良好的平台,有利于推进多元化主体的参与和协作,促进社会成员的广泛参与。这正是打造共建共治共享的应有之义。例如,"问政银川"在微博简介中真诚地表示"我们承诺:对您@的问题,本微博在工作时间1小时内、节假日休息时间8小时内,有呼必应"。6年如一日,宁夏银川市通过新浪微博建立了在线应答互动沟通机制,市民网友积极参与,在良性互动中累积互信,在互信中提高城市治理水平,将"以人民为中心""全心全意为人民服务"的初心,与"人民群众对美好生活的向往"紧密相连。2017年1月1日到11月30日,作为转办督办职能的"问政银川"账号,共受理各类事项16670件,办结16245件,办结率97.45%。在新媒体时代,当老百姓普遍能上网时,政务微博服务当先的功能成了衡量其工作成效的重要标准之一。近年来,全国各地积极探索践行网上群众路线,"网友在哪里,服务就到哪里"的理念已广被社会认同,政务微博"银川模式"

---

① 习近平.决胜全面建成小康社会 夺取新时代中国特色社会主义伟大胜利:在中国共产党第十九次全国代表大会上的报告[EB/OL].中国政府网,2017-10-27.
② 马庆钰,单苗苗.准确理解共建共治共享的内涵[N].学习时报,2017-11-08(2).

123

已遍地开花。

政务微博在打造共建共治共享的社会治理格局的进程中,发挥着独特而重要的作用。政府和社区均能既各尽其责,又相互尊重、配合、协作,并相互监督、制约,形成一种良性互动的社会治理和国家治理格局。"互联网时代的特点,决定了公共治理决策需要更加开放,整合社会各方智慧;更加谦抑,对权力的边界有清醒认知;更加审慎,对决策风险与实施影响进行更全面的预判与评估。"① 与公共意见的主动、持续、良性互动,无疑是达成这一目标的重要路径。政务微博应当继续加强利用互联网、大数据等技术的能力,提高社会治理的信息化和智能化水平。

总之,总结近些年政务新媒体的发展,我们可以看到,政务服务的数字化已迈入更广、更深、更高的发展新阶段。一是政务服务的数字化连接更广了,由普适的便民服务拓展到专业性更强、流程更复杂的法人服务领域;二是政务服务的程度更深了,在线办事功能更多,服务节点数字化向全流程闭环服务整体上线迈进;三是用户获得感更高了,在移动端获取政务服务成为常态,移动服务整体满意度创新高。② 在这个过程中,党政机关基本上始终保持着自我学习的能力,与互联网世界共同发展,不断推进政务服务的数字变革。截至2017年12月,我国在线政务服务用户规模达到4.85亿,占总体网民的62.9%。政务新媒体的广泛使用使政民、党民之间建立了更强、密度更高的连接,帮助党和政府建立更正面、积极、透明的形象。政务互动越频繁,反过来进一步监

---

① 乔智玉. 明确责任使命提高党的舆论引导力 [J]. 青年与社会, 2018 (36): 20-21.
② 重磅发布 | 2018 中国"互联网+"指数报告:中国数字经济版图初现 [EB/OL]. 搜狐网, 2018-04-18.

督、激励党政机关把信息化服务做得更好,从而形成良性循环。政务新媒体的建设是一项系统性工程,党和政府不仅需要认识到公共服务信息化趋势,还应具备长远发展的意识,把信息化能力建设作为一项重要的投资长期予以关注和推进。

第二节 微博问政助力党的执政方式创新

政务微博,或者说以政务微博为平台的微博问政到底能够做什么来推进党的执政方式创新呢?继 2011 年"中国政务微博元年"之后,我国政务微博呈现井喷式的发展,各级党和政府部门、机构和领导干部开通微博蔚然成风。政务微博的开通,不仅为党和政府提供了形象塑造、信息公开、关系建设、公共服务的有效途径,还为广大公众搭建了建言献策、参政议政、民意表达、监督投诉的良好平台。① "微博问政"作为电子政务的新兴力量和重要组成部分,提升了政府部门的知名度和美誉度,保障了公众的知情权、话语权、参与权和监督权,拓宽了官民的沟通渠道。概括来讲,微博问政可以成为党和政府与民众之间沟通的桥梁,让党和政府更了解民情民意,更善用民智民力,也可以发动民众的力量,进行网络反腐,实现党政和民众之间力量的相互借力,进而实现低成本高效率的官民交流和沟通,推进党的科学执政、民主执政和依法执政。

---

① 赵阿敏,曹桂全. 政务微博影响力评价与比较实证研究:基于因子分析和聚类分析 [J]. 情报杂志,2014,33(3):107-112.

一、催生了党的执政方式创新的新思维

微博最主要、最突出的特征就是其开放性,开放的平台、开放的手段带来开放的思维和观念。对中国共产党,对党的执政方式创新,开放的、接纳的、不断自我更新和成长的姿态是非常重要的。有效利用以微博为主的政务新媒体平台,在微博问政的过程中,党和政府才能始终保持和不断提高自己的活力、学习能力、应对能力,始终保持警惕,不断自我更新,以其高超的政治引导力、思想引领力、社会号召力和群众组织力,引领国家和社会发展,并与时代、与民众共同成长、共同进步。

微博展现出的中国社会始终是鲜活的、与时俱进的,这促使党必须不断更新观念,直面网络社会以及网络社会背后所折射的现实社会。面对互联网社会民众政治参与意愿和政治表达意愿的民主渠道大大拓宽的现状,党和政府在制定与执行决策、与民众沟通等方面面临新的考验,必须用创新的思维和手段,从传统领导方式转向数字化领导方式,打造数字化政党和政府。党和政府要善于利用微博、微信等工具,直面民意,提高自己的吸引力和引导力。在全球化和信息网络技术高度发达的今天,我们要彻底放弃那种用简单的堵、封、盖等控制传统媒体的老式的思维和做法,这种做法在今天的社会不仅不会奏效,反而可能起到负面的效果。面对浪潮汹涌的网络社会,党和政府最明智的做法是透明和参与。"所谓透明,就是指党的领导执政的信息公开、程序民主和过程透明。"① 这是现代政党在网络社会执政中保持与网络秩序始终能够同步协调的关键。同时,政党应该全面参与网络社会,融入并发挥积极的

---

① 林尚立,郑长忠. 全面提升党的网络执政力与党的执政方式现代化:社会管理创新背景下的一项重要命题 [J]. 中国延安干部学院学报,2013,6(2):83-88.

作用。

在以微博问政为主的网络问政兴起并发挥积极作用的这些年,我们看到了党在执政思维方面的转变。从前面的论述中我们知道,党的最高领导人和政府官员,在网络社会刚刚兴起的时候,就敏锐地感受到了这股巨大的力量和它作为公民参与的新平台的作用,极力推动网络问政的发展。近几年,国务院办公厅每年都会发布关于政务新媒体工作的《要点》,这些要点对政务新媒体从平台界定、发布规范、功能拓展、信息统计、账号整合等方面都加以规范,提出对政务新媒体要从严管理、规范管理、精益管理、协同管理、问责管理、注重实效地进行科学管理、系统管理等。

习近平总书记曾强调指出,将"新技术应用到党建工作中,既是信息化时代发展的客观要求,也是党建工作与时俱进、改革创新的重要体现"①。2015年1月,人民日报出版社和新浪微博等单位主办了一场移动政务峰会,主题为"新形势,新常态,新思维",指出政务微博已成为政务工作传播的"新常态"。参加这次峰会的除了国家网信办和新浪、微博等主流媒体负责人外,还有数十个中央部委、地方政府机构的新媒体运营负责人,他们汇聚一堂共同讨论移动互联网时代政务部门的应对方案。他们达成的共识就是,移动互联网时代造就了全新的移动生态,改变了人们获取信息的方式,甚至是思考问题和解决问题的方式。这对党和政府来讲,既是危机和挑战,也是很大的机遇。政务机关必须适应移动生态的新改变,把握好"新常态"下的新机遇,运用好政务新媒体。党政机关这样的能力,"既是检验治理能力的尺子,也是评价

---

① 习近平出席全国基层党建工作手机信息系统开通仪式 [N]. 光明日报,2010-01-06 (1).

群众工作能力的标准"①。

二、助推了党的执政方式的法治化

执政党对国家权力的控制和运用必须制度化、规范化。执政方式不断改善与完善的重要内容就是对权力进行监督。人们利用微博在内的政务平台有助于推动党的依法执政。

一是利用微博可以快速、有效地进行社会主义民主法治的宣传，加强党员干部和广大群众的法律意识，增强法治观念。依法治国的一个重要前提就是党政领导干部要懂法，认真学习法律知识，并且严格执法。实际情况是，很多领导干部缺乏法律知识，缺少正确执行法律的自觉性。对大多数的群众来说，他们的法治意识和守法观念可能就更加薄弱。因此，党和政府进行普法教育，使广大干部增加法治观念，使普通民众具有守法遵法的法律意识。

在网络时代，党和政府利用微博、微信、客户端等政务新媒体平台进行普法教育，效果好、传播快、受众广，对党员干部和广大群众强化法治观念、加强法律意识，意义重大。对气象、消防、交通运输、医疗、教育等政务机构来说，科普本领域知识是积极履职的重要表现。政务微博利用短视频的形式来科普专业知识，能告别冗长艰深的文字，也使自己成为深受欢迎的"知识百宝箱"。2017年4月20日，"中国反邪教"发布一则短视频，以动画讲解的形式告知公众门徒会和基督教的区别，其成为一份生动直观的防邪教攻略。2017年8月，南京站发生了一起女童的家人猥亵女童事件，网友对此事件给予强烈关注，"南京

---

① 刘凌. 政务微博成为"新常态"[N]. 人民日报海外版, 2015-01-29 (8).

铁路公安处南京南所"即时了解到网上的动态,快速出警调查并抓获了犯罪嫌疑人。之后,各地处置了好几起猥亵女童的案件,属地政务微博都快速回应、处置果断,赢得了网民的支持。风波平息后,"江宁公安在线""武汉发布""济南中院"等发布九宫格漫画,建议家长加强对儿童的防卫和性安全教育,提升未成年人的自我保护意识。

二是利用微博可以实现民众对党政机关的监督,"把权力关进笼子"。政务微博充分发挥微博的作用,调动广大民众监督党和政府的积极性,实现民众对权力的每时每刻、全方位的3D监督,具有震慑力。目前,民众对党政机关官员的监督基本形成了一个模式:网民曝光官员的违法乱纪行为或贪腐行为→网民围观形成关注热点→相关部门予以重视、介入调查→公布真相平息舆论。大量的网络反腐案件充分证实了这一论点。

三是微博可以提高权力运作的透明度,推动党政工作的法治化进程。一方面,微博的信息公开职能,把政府的各项工作都可以置于公众的监督之下,党政工作的运作程序是否规范、政策内容是否具有合法性、是否符合大多数人的利益,民众对此都可以建言献策,提出自己的看法,这样可以提高权力的透明度,更有利于维护公平。另一方面,通过微博加强人民群众对党政部门的网上监督,这样可以督促政府建立和完善责任机制,通过内部督办机制和责任追究机制等形式,推进责任政府的建设,并不断提高党员干部的依法行政水平。在全民关注的"山东于欢案"二审庭审中,"山东高法"吸取之前办案及审讯流程不够透明的教训,通过文字、图片、视频等方式对庭审现场进行全程微博直播,将案件细节和审判流程全面向公众呈现,用公开促进公正,维护了自身的公信力和权威性。

四是微博问政有利于公民维护自身的正当权益。在网络问政渠道出现之前，老百姓维护个人权益难度较大、成本较高。比如，农民工被老板拖欠工资，作为弱势的一方，他们想讨回工资往往比较困难。在这种情况下，微博提供了一个平台和一种可能，而且由于官方对网络问政的重视，如果被关注到，那就有可能转变这种被动无奈的局面。据统计，公民个人运用网络新媒体进行维权，已经由个别偶然的成功案例，发展成较为普遍的维权方式。

据《2010年中国公民的网络表达与公共管理分析研究报告》统计，2010年，微博促成了25例公民重要网络维权事件。在这些维权事件中，党政部门都做出了积极的回应，主人公的问题都得到了不同程度的解决。[①] 近些年，各种网络维权的案例越来越多，通过微博、微信等平台，网民的维权诉求更多被关注且得到解决。

关于网络上出现的、网民重点关注的民生问题、重大案件，政务微博每一次的通报、反馈、及时更新消息，每一次针对相关法律和条例的解释与说明，每一次针对复杂舆情的引导、辟谣以正视听的做法，都推动了司法知识的普及和民众法律意识的提高，也往往能纾解民众中的愤懑、不满、不解的情绪，化解或降低舆情危机，进而在民众的共同关注和监督下，推进了政府依法行政的进程。这个过程是网民和政府相互影响、共同进步的过程。

三、助推了党的执政方式的民主化

民主执政的关键是党在治国理政中实现"为人民执政"和"靠人

---

① 廖海敏. 微博问政对党的执政能力的影响与应对机制研究[J]. 当代经济，2011(17)：4-5.

民执政"的有机统一,不断提高发展社会主义民主政治的能力,以党内民主带动人民民主,实现社会主义民主政治的制度化、规范化、程序化。① 党和政府通过构建和谐的党群关系,巩固执政基础,使党的执政获得广大群众的支持,才可能实现民主执政。巩固执政基础也就是解决好"依靠谁、靠谁执政"的问题。执政基础是党执政的基石。"党自身的优势主要有三点:一是党的思想政治优势;二是党的组织优势;三是党密切联系群众的优势。"② 政党上台执政后都面临巩固执政基础的问题,这是提高自身执政合法性并保持长期执政地位的基石。始终代表工人阶级和广大人民群众的利益,在提高党先进性的同时增强利益代表的广泛性,是我党能够生存、发展、壮大并保持长期执政地位的关键。对中国共产党来讲,其长期执政、高效执政的地位,最核心的问题是处理好党和人民的关系,牢牢保持党和人民的血肉联系,不要脱离群众。微博问政正是党和群众保持血肉联系最好的方式,是巩固执政基础和践行网上群众路线的重要手段。

一是微博问政提高了党的群众工作的效率,尤其是政务微博所展现出的平等、亲和力等特征,相较于传统的官民互动形式,具有极大的优越性,非常有助于拉近党群关系和官民距离,有利于塑造党和政府的亲民、负责的形象,有助于消解民众对党和政府的不满和不解情绪。我们可以看到,近些年来政务微博的姿态越来越亲民化,不管是在日常网络事务中,还是在回应重大突发事件时,都变得更加透明、谦抑、坦诚、平和,展示出跟网民平等对话和尊重的姿态。例如,2017年9月,"上

---

① 胡伟. 中国共产党执政方式的转变:逻辑与选择 [J]. 浙江社会科学, 2005 (2): 3-8.
② 钟祖田. 党的执政基础的内涵、变化及发展趋势 [J]. 理论研究, 2002 (2): 43-45.

海警察粗暴执法"事件在网络上引起很多的关注,"警民直通车-上海"迅速回应,不偏不倚不躲不闪,承认当事民警确实"粗暴执法,行为错误",这种坦诚的做法不仅没有降低其威信,反而使其在舆论旋涡中获得了网民的好感。党和政府俯下身、放下身段跟网民沟通的姿态,容易赢得网民的认可,也提高了自身的公信力。

同时,党政机关利用政务微博,搭建民生服务平台,实实在在为民众解决民生问题。"马鞍山发布"为群众修电梯、修水管、修不平之路,真诚、及时的服务得到了网友的广泛称赞,充分体现了官微矩阵协同的重要意义;农业政务微博"西瓜办"为瓜农提供服务,让市民和瓜农可以直接通过网络平台进行沟通,瓜农借助微博进行农业产销,构建产销顺畅、服务和谐的西瓜销售网络体系等。

二是微博问政大大拓宽了人民群众参政议政的渠道。依托各论坛、微博、微信、政务抖音等各种新媒体平台,以网民面貌出现的人民群众越来越多参与参政议政过程,推动了党民主执政的进程。微博的迅猛发展使其成为网络上发表意见、对政策展开讨论的"广场",成为政府聚民意、汇民智的重要平台。随着公民社会的发展,越来越多的人希望参与政治生活,对政府的决策、社会热点、重大事件发出自己的声音,并且影响政府的决策。微博为民众实现这一目标提供了手段和平台,因为微博上网民关注的合力而形成社会舆论,这个力量是非常巨大的,正所谓"围观改变世界"。在微博上,普通民众参与公共事务讨论的模式,也由以往的"出事—微博爆料—网民热议—传统媒体跟进—当事人出面说明",发展成为"出事—微博爆料—网民热议—官方微博出面说明—媒体跟进"。每当社会上有重大事件发生,微博一定是网民话题关注度最高、讨论最热烈的平台,这充分印证了公民参政议政的强烈

<<< 第二章 微博问政助推党的执政方式创新的逻辑

需求。

三是微博问政加强了党群、官民之间的沟通，提高了政府的回应水平和沟通水平。倾听、了解民众的心声和诉求，并作出建设性回应，是党和政府的职责所在。英国学者杰弗里·托马斯（Jeffrey Thomas）就认为："每一个声称自己是民主政体的政权，都要说明（不论有多少合理性）它如何确保一致，如何让统治行为合乎受其影响的人们的愿望。"①所以，对现代政府来讲，回应民众是政府的职责所在。

传统的政府回应方式，如公民听证、人民代表大会制度、上访等制度存在成本高、渠道不畅、难度大等问题，相较于传统的政府回应方式，微博问政作为一种官民沟通的新形式，具有可行性高、可直达相关部门、低成本且不受时间限制等特征，能弥补公民参与政治事务途径不足的缺陷。"围观形成合力"，党和政府通过网络舆论热点和焦点更容易抓住民意所在、民心所向和民众诉求，进而进行更合理、更顺应民意的回应。可以说，微博问政是一种新的、有效的政府回应方式。

四是通过微博问政关注特殊群体，从而推动社会的整体进步。对特殊群体，尤其是弱势群体利益的关注是社会成熟的标志。所谓的特殊群体，即那些在年龄、阶级、身体状况等方面较为特别的人群，他们普遍拥有区别于多数人的利益诉求，在舆情事件中容易被"标签化"而引发社会热议。随着公众对特殊群体的公共治理关注越来越多，各个政务机构也相应地将目光更频繁地聚焦于大学生、未成年人、农民等特殊群体上。比如，在"留美大学生章莹颖失踪案"后，"中国大学生在线"多次转发图解新闻，科普自我安全防卫知识及技巧，提醒海外留学生在

---

① 托马斯. 政治哲学导论 [M]. 顾肃，刘雪梅，译. 北京：中国人民大学出版社，2006：254-255.

133

日常生活中多注意自己的人身财产安全，这起到了良好的宣传和教育作用。

四、助推了党的执政方式的科学化

所谓的科学执政，关键是要深刻把握共产党的执政规律，科学分析和界定党与国家、政府、市场和社会的关系与界限，科学分析和界定执政党的政治和社会功能，做到有所为而有所不为。① "决策是党履行执政职能实现预定目标的过程，是实现科学执政的重要环节，也是党执政所要发挥的基本功能。从一定意义上说，执政就是不断做出决策和贯彻执行决策的过程。"② 因此，党的决策的科学性，是党的执政能力的重要指标和衡量标准。互联网信息时代的到来，为党的科学决策提供了工具和利器，在日益发达的信息技术平台上搭建民意收集系统、决策系统、评价系统、监督系统和反馈系统，可以在政策制定、决策执行、决策监督、决策效果验证等方面实现决策的准确性和有效性。

第一，微博问政可以集合最广大民众的智慧。"知屋漏者在宇下，知政失者在草野。"广大网民是对这个社会最有发言权的人，他们对这个社会的温度和脉搏的感受最为直接，党和政府应该充分了解他们的意见。当他们以个体的面貌出现的时候，他们的力量微乎其微，但是微博给他们提供了一个平台，个体的声音汇集起来形成一个共同的声音，使其成为热点事件和热点话题，其有了强大的力量，可能引起有关部门的

---

① 胡伟. 中国共产党执政方式的转变：逻辑与选择 [J]. 浙江社会科学，2005（2）：3-8.
② 陈文胜. 论"微博问政"与党的执政方式创新 [J]. 青海社会科学，2012（1）：15-19, 71.

关注，使有关部门在政策制定和决策时考虑到更广大普通民众的意愿和利益。同时，网友中还有非常多的社会各类专业人才，党和政府如果能够把这些人才组织调动起来，在制定重大决策时候广泛吸纳来自各个阶层、各个行业、各个层次的群众的意见，通过网络咨询、网络调查等方式，充分发挥网络的聚合作用，将会减少很多决策失误。

第二，微博和大数据技术相结合，有利于高效汇集广大网民原生态的信息，协助作出科学决策。2017年1月，搜狐网与零点研究咨询集团联合进行的"全国两会民生系列调查"显示：超过半数公众有过民意表达经历，其中青年人居多，而且更多选择了微博方式。[①] 所以，微博是个储存量非常庞大的信息库，如何有效利用这些信息和资源是个难题，大数据技术的出现提出了一个很好的解决方案。通过大数据技术对政务微博的粉丝以及他们的博文、他们对政务微博的使用情况的收集和分析，党和政府可以得出很多有用的信息。比如，政务微博的粉丝上网的规律、关注的内容、粉丝年龄与行业分布、对社会热点话题的传播规律等，都可以通过大数据技术进行分析，党和政府通过这些分析结果可以充分了解网民的动向、观点，这些在相关部门处理舆情危机等时刻提供决策依据。同时，相关部门跟踪了解网民对政策的态度，也有利于适时调整政策执行的方案。政策执行受政策方案、政策执行机构、政策执行人员、政策对象、政策资源等多重因素的影响，也受到客观环境的影响，客观环境随时不断发展变化，政策方案需要及时调整、修正和补充来满足执行需要。根据网民的反馈，适时调整和完善政策方案，弥补不足，才能使政策方案有效贯彻下去。比如，2017年12月11日，"山西

---

① 廖海敏. 微博问政对党的执政能力的影响与应对机制研究 [J]. 当代经济，2011（17）：4-5.

发布"开设话题#开门办官微#，公开向网友征集对"山西发布"官方微博推送内容、栏目设置、版面编排、制图设计等的意见建议。话题一经发布，立即引发网友的积极参与和讨论，"开门办官微"单条微博阅读量迅速破30万。同时，"山西发布"积极回复网友留言，加强互动。官微的开放姿态被众多网友点赞，彰显了开放山西的美好形象，体现了山西省人民政府新闻办公室"传递政声、聚焦民生"的织博理念。

五、提高了党的执政绩效和质量

微博问政的发展很大程度上提高了党的执政绩效，其主要包括以下三方面。

（一）推动网络反腐，厚植了党执政的群众基础

党的十九大报告指出："人民群众最痛恨腐败现象，腐败是我们党面临的最大威胁。只有以反腐败永远在路上的坚韧和执着，深化标本兼治，保证干部清正、政府清廉、政治清明，才能跳出历史周期率，确保党和国家长治久安。当前，反腐败斗争形势依然严峻复杂，巩固压倒性态势、夺取压倒性胜利的决心必须坚如磐石。要坚持无禁区、全覆盖、零容忍，坚持重遏制、强高压、长震慑，坚持受贿行贿一起查，坚决防止党内形成利益集团。"[①] 中国共产党现在面临着的执政危机之一就是官僚主义和贪污腐败导致党和政府的执政公信力和权威下降，甚至影响到了党的执政合法性。

党充分认识到反官僚主义和贪污腐败的长期性、艰巨性和复杂性，旗帜鲜明、立场坚定、毫不动摇地同官僚主义和腐败现象作斗争，标本

[①] 习近平. 决胜全面建成小康社会 夺取新时代中国特色社会主义伟大胜利：在中国共产党第十九次全国代表大会上的报告［EB/OL］. 中国政府网，2017-10-27.

兼治、惩防并举、以防为主，从制度、体制等层面深入开展工作，彻底清除影响党群关系、根除执政基础的顽疾，来赢得人民群众的拥护和支持。① 我国未来的反腐败突破点之一就是推动和促进民众的参与，发动民众的力量反腐，"通过积极扶持中国公民社会的成长，为反腐败斗争提供更为基础性的社会结构支撑"②。

近些年来，微博反腐成为党和政府发动网民的力量惩治腐败的利器，发展势头迅猛。"微博反腐是指通过微博曝光或收集腐败线索，监督公职人员的行为，从而达到有效预防和惩戒腐败行为的一种反腐效果。"③ 自党的十八大以来，微博反腐在反贪腐斗争中屡立奇功，很多贪官在微博反腐声中落马。2012年，时任重庆市某区委书记的雷某某，其不雅视频在微博上被曝光，这引起网民的高度关注，仅仅63小时后重庆纪委介入调查，核实了视频中的人物就是雷某某，后来开除其党籍和公职并判处有期徒刑13年。微博反腐的威力被形容为"微博一转，关注数万；纪委一动，倒下一片"④。从传统手段反腐到微博反腐，这体现了党充分利用现代信息技术和民众力量、舆论的力量的用意，党反腐思维的转变和手段上的与时俱进，推进了反腐进程，对治理和预防腐败、震慑腐败分子威力巨大。"微博反腐，对党委政府而言，多了一个制约监督权力的平台；对反腐败职能部门而言，多了一条获取腐败信息和线索的渠道；对腐败分子而言，多了一种威慑力量；对公众来说，多

---

① 党的十九大以来严查扶贫领域腐败和作风问题 [N]. 中国纪检监察报，2018-12-31 (1).
② 施雪华. 大力推进中国公民社会的成长 实现中国反腐败战略的大转移 [J]. 社会科学，2009 (7)：3-11，187.
③ 杜治洲，张阳阳. 微博反腐模型、现状与对策 [J]. 理论视野，2012 (6)：55-58.
④ 王亦君. 微博反腐的权利边界在哪 [N]. 中国青年报，2012-12-16 (3).

了一种快速便捷监督官员、举报腐败的途径;对党员干部而言,多了一项警示约束自己的机制"①。调查显示,"网络曝光"成为公众最愿意选择的参与渠道,75.5%的人选择此项,67.3%的人表示应该发动全民参与反腐,要做到渠道畅通,充分保护举报人。"微博反腐为党委政府监督权力的运行提供了新渠道,为纪委监察部门获取腐败线索探索出新路径,为广大公众进行反腐斗争开辟了新战场"②,党委政府、纪检部门和民众共同发力,使党员干部置于纪检部门、网民的3D监督之下,形成不敢腐、不易腐的氛围,从源头上减少腐败行为。微博舆论流程图如图2-7所示。

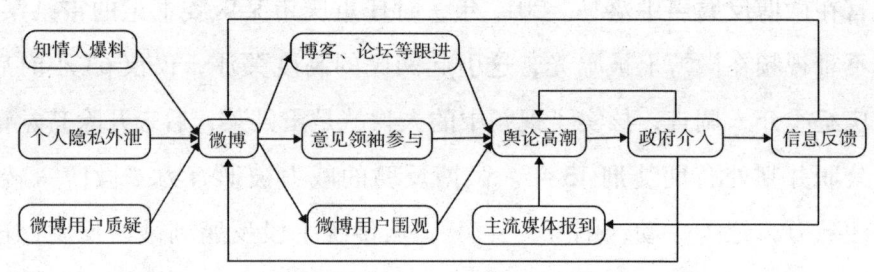

图2-7 微博舆论流程图

(二)提升了党和政府应对重大危机事件的能力

中国进入了转型期,社会矛盾频发,社会思潮和利益多元化,改革进入了攻坚期。在这一背景下,很多在网络领域发生的社会突发事件,因为网民的高频关注会迅速发展为网络热点,成为网络舆情,如果应对不及时或者应对不得力,很可能演变为社会危机事件,会为党和政府的

---

① 高斌. 当反腐邂逅微博 [N]. 检察日报,2011-06-07 (5).
② 刘细良,黄胜波. 微博反腐:双刃剑效应与路径选择 [J]. 湖南大学学报(社科版),2014,28 (1):138-142.

形象带来非常恶劣的影响。从近几年的情况来看，政务微博非常适合在突发事件中第一时间发出信息、答疑解惑、澄清谣言、提出应对方案，防止事态严重化。这种优势主要是基于以下四点。

一是政务微博经过了最近几年的发展，培植起了一支数量非常庞大的粉丝队伍，群众基础非常强大。微博具有交互性强、扩散速度快的特点，它是一种点对面、裂变式的扩散模式，这就保证了突发事件发生时信息的高传播率和高到达率。因此，当相关的官方微博对事件真相做出跟踪调查、发布真相、澄清谣言的时候，信息能以最快的速度和最广的覆盖面达到网民一方，稳定舆论、化解危机。社会危机事件爆发后，很多时候是官方的危机处理能力和反应速度跟谣言赛跑，官方如果反应慢，或者敷衍塞责糊弄网友，那么各种谣言就会出现，导致不好的舆论。从近几年微博问政的过程中看，我们可以发现大量正反两方面的例子。在南京站猥亵女童事件、西安地铁问题电缆事件等事件中，"西安发布""南京铁路公安处南京南所"等官微都反应比较快、处理比较妥善，这种主动、积极处理问题的态度得到了网友的认可。

二是政务微博近几年树立起的权威性和快速性的形象，也使网民形成了一种遇到重大社会事件发生的时候，第一时间会去微博上找答案的习惯。政务微博的官方属性代表了权威和真实，政务微博对事件的回应，包括工作人员在现场传回的视频和照片、官方机构调查的一手资料等，都会在纷繁复杂的舆论场中使网民有了判断的依据，就像给慌乱的民众打了一剂"镇定剂"。2016年6月12日14时许，浦东机场T2航站楼发生爆炸，"警民直通车-上海"进行了3次通报，18时许公布案件起因及现场人员受伤情况，21时许澄清"网传58秒救治伤者视频与浦东机场爆燃案无关"，次日公布了案件调查的详细情况。机场运行正常，没有发生恐慌失序。政务微博的强互动性使网民具有极强的参与意识，网民会感觉到自己发出的声音有可能改变事件的进程，有一种强烈的参与感和存在感。

三是政务微博的强时效性有利于控制网络事态，防止事态迅速扩大。突发事件之所以叫突发事件，就是因为它是在毫无防范的情况下发生且来势凶猛，容易引起民众的恐慌和谣言泛滥。政务微博、政务微信，第一时间发布消息和调查结果，进行社会动员，或者利用网络新技术，通过网络视频或者直播的方式，把第一现场报道给网民，能够使网民以最快的速度了解真相，有效地防范因信息不透明引起的事态严重化现象。

四是政务微博的矩阵联动优势，在重大突发事件发生时，有利于上下级、平级之间调动各种相关资源，尽快解决问题，使信息的触达率明显提高。例如，2015年7月，我国南方地区普降暴雨，出现汛情。湖南省汛情比较严重，"共青湖南""湖南公安在线""湖南公安""长沙警事"等湖南各级官微组成了"网上抗洪第一线"，随时关注湖南各地暴雨汛情，并在网上进行文字直播，向民众讲解防洪知识和注意事项。"湖南公安"发布微博"网友在飞机上所看到的长沙：'这已经到长沙了吗？不敢想象不敢想象……'鸟瞰镜头下，星城已成泽国，望积水早日退去"，获得1.1万次转发，1.96万条评论；"湖南公安在线"发布题为"为爱托举"的微博内容，获得2065次转发。此外，以"益阳市公安局"为代表的益阳市公安系统微博矩阵，与以"永州发布"为代表的永州微博矩阵，进行了防汛联动发声，它们成为公众获知本地灾害情况的一手信息来源。

又如，2018年夏天，第22号台风"山竹"在广东登陆，对我国东南沿海一带造成影响。作为历史级别的超强台风,"山竹"对我国防灾减灾工作进行了考验,也引起了全国人民的关注。在此次应对台风"山竹"的行动中,中央气象台官方微博"中央气象台"高效聚合各类信息,凸显出作为气象官微头部账号的运营能力和全局眼光。首先是对地方信息的聚合。地方官微在发布信息时往往侧重本地信息,"中央气象台"坚持做好权威发布的同时,将各地信息经过筛选进行转载,与"广东天气""深圳天气""香港天文台"等近20个各地方各单位的官微紧密互动,让网友能够快速了解此次台风天气的总体情况。其次是对答疑互动的聚合。每逢灾害来临,相关官微会收到大量网友的私信咨询,难以一一回复。为此,"中央气象台"发布了答疑微博,让网友在评论中提出关心的问题并号召网友共同答疑,将问答内容集中起来公开展示,避免了重复答疑,提高了工作效率。此外,它还对信息内容进行聚合。在此次应对工作中,"中央气象台"所发布、转载的信息不仅包括天气预报、灾害预警、知识科普等应对灾害的常见信息,还不乏对台风"山竹"的调侃,展现了人们的乐观心态和对防灾工作的信心。在北京、中国香港、中国澳门气象单位对台风进行首次联合会商之际,"中央气象"台发出"期待不久的将来也可以和海峡对岸一起会商"的微博,表达了对两岸在气候问题上能有更多交流、讨论的机会的期盼,引来网友争相点赞。在应对这场灾难的过程中,政务微博充分发挥了微博矩阵的聚合信息作用,既凸显了"国家队"高度,也显示了上下级之间发挥联动效应的重要意义。

(三)捍卫了意识形态主阵地,增强了对党的认同

"一个政党,没有意识形态,就没有政治灵魂和政治旗帜,就会缺

乏方向和动力。"① 意识形态是一个政党区别于其他政党的核心元素，更是政党执政合法性的重要资源。对共产党来说，其意识形态具有的解释力、号召力和凝聚力关系到执政的稳定性和长期性。当前，复杂多变的国际国内环境中滋生了更多的社会思潮和利益主体，导致非主流意识形态多元、多变，严重挑战主流意识形态的主导地位，党和政府迫切需要巩固马克思主义意识形态的领导地位。习近平总书记强调意识形态工作是一项极端重要的工作，相关人员在恪守政治、法律、道德底线的基础上，在尊重差异、包容多样化的社会思潮中，兼收并蓄一切有益改革发展的社会思想，凝聚人心力量，汇集改革共识。

微博的高度开放性和信息传递的快速化，带来了信息的实时共享和交流传播。同时，信息全球化传播，西方发达国家往往利用信息技术优势，以各种名义和面目推广、渗透西方的意识形态与价值观念。我们已经看到，微博正成为西方推行其价值观和话语权、进行政治打击和意识形态渗透，甚至是对我们的社会主义制度和社会主义道路进行攻击和颠覆的工具。互联网世界信息芜杂，而且网络信息不同于工业产品，因为其开放性和全球性特征，网络信息会实现全世界同步，以美国为首的西方国家正是看到了这一点，所以试图以其互联网优势，通过网络把自己的意志、意识形态和价值观源源不断地输送到中国网民面前，达到其进行政治渗透的目的。

政务微博作为党政机关在网络上的发声平台，完全有责任、有义务宣传爱国主义等国家主流意识形态，承担起放大主流声音、引导正面舆论、传递正确价值观的责任，守住意识形态的主阵地，反击西方意识形

---

① 刘红凛. 论政党意识形态 [J]. 山东师范大学学报（人文社会科学版），2007（5）：73-77.

态渗透和攻击。有些官微创新性地利用微博推动"互联网+爱国主义"的宣传，将意识形态的工作与中国的现代国家体系建设有机结合，其中包括国家核心价值的建构。比如，2017年9月1日，《中华人民共和国国歌法》正式出台，"中国普法""司法部""山东高法"等政法官微纷纷出马，通过制作图解、发布长文、转发漫画等方式帮助大众了解国歌法亮点，提醒违反相关法律的后果，维护国歌法的威严。

又如，2017年9月，大型政论专题片《大国外交》在各媒体平台播出。在短短6集的节目中，《大国外交》充分展现了新时期中国外交的宏伟历史。节目播放后在国内引起热烈反响，新浪微博话题#大国外交#总阅读量也超过1.1亿。"中国长安网""成都发布""上海发布"等政务微博逐期转载节目视频，在评论区与网友展开互动，分享过去5年中国特色大国外交取得的辉煌成就带来的感动与自豪。同样激起爱国热潮的还有现象级主旋律片《战狼2》，该电影上映后在中国驻海外维和警队中引起了巨大反响。针对为维和战士们播放电影一事，"中国维和警察"向导演吴京喊话，两者的互动增强了影片中所蕴含的正能量，网友们对战士辛勤付出的感动与对中国军人对世界和平作出贡献的自豪，迅速感染了网络舆论场。"国防部发布"在2017年三季度回应了印度边防部队非法越界进入中国领土、美舰擅自进入中国南沙群岛有关岛礁邻近海域等数起事关领土安全及国家主权的事件，强调"任何国家都不应低估中国军队履行保卫和平之责的信心和能力，都不应低估中国军队维护国家主权、安全、发展利益的决心和意志"，立场坚定、言辞坚决地捍卫了中国军队威严，传递了维护国家利益的决心，受到了全国网民的点赞。

政务微博在这方面持续发力，不遗余力地宣传爱国事迹、弘扬民族精神，作为正面声音的"放大器"，有力地助推了爱国热潮。

第三节 西方国家网络问政的经验

西方发达国家在充分运用信息通信技术进行国家和社会治理方面远远走在我们前面。2018年7月20日，联合国经济和社会事务部在对193个成员国的电子政务情况进行调查评估的基础上，发布了《2018年联合国电子政务调查报告》，这是2001年起联合国发布的第十份电子政务调查报告。这份电子报告以"发展电子政务，向可持续和韧性社会转型"为主题，提出了"韧性社会"这一概念。所谓的韧性社会就是指政府能够利用数字技术建立预测冲击和风险的模型，并找到降低其影响的方法，从而减少社会面对灾害的脆弱性和风险。报告指出，建立韧性社会需要确保公众和社会上的各团体拥有预测、减少和应对各种风险的资源和能力，同时应特别关注数字鸿沟问题，针对最贫困和最弱势的群体采取措施，让每位公众都能享受到技术变革带来的福利。它用电子政务发展指数（EGDI）（等级：非常高、高、中、低）来衡量世界各国电子政务的发展水平，强调指出各国的可持续发展水平有五个关键维度——有效性、包容性、开放性、可信赖性和问责性，重点分析了各国开放政府数据、移动政府和电子参与水平等。

从这份报告中，我们可以清晰地看到，西方发达国家在花大力气推进电子政府建设，其中包括推进微博在内的网络问政、提高公民参与水平和社会管理治理能力等。需要指出的是，西方国家执政党和政府是分离的，不同于我们的政党—政府结构，西方的网络问政主要是以政府为主体。有一点可以确定，每一个政党获得执政地位上台执政后，必然都会顺应时势，最大限度地利用最先进的网络技术打造数字政府，用数字技术为执政服务。因此，西方国家利用网络信息技术与民沟通、为民服务，并推动国家和社会治理的理念和做法，依然可以被我国所借鉴。

首先需要说明的是，西方国家类似中国的微博这样的平台，在称呼上各有不同。以美国为例，美国的微博主要是 Twitter（中文翻译为推特）、Facebook（中文翻译为脸谱或脸书）和 GovLoop，大多数普通民众主要使用 Twitter 和 Facebook 作为社交平台兼民主参与的平台。其中，Twitter 是世界上最早提供微博服务的网站，目前其月活跃用户量保持在 3.10 亿左右；GovLoop 主要是针对政府公务人员设计的，提供公务员线上培训的内容，使之能够更好地相互交流和沟通，彼此合作，更好地解决问题并推进公务员的政府事业。除此之外，加拿大的微博平台是 Plurk，芬兰的微博平台叫 Jaiku，俄罗斯的是 Vkontakte，等等。[①] 从政治实践中看，西方各国很早就意识到微博这种社交平台在推动政党政治和开展活动、吸引选民等方面的重要意义，"政党和选举的代表越来越多地使用互联网与公众和政党成员就政党的政策方案、观点、日常事务进行互动沟通"[②]，并且挖掘微博在协助选举、扩大政党自身的吸引力方面的最大作用，进而来增强自身的执政能力。今天的世界已经借由网络技术联成一个整体，在这个世界里面，"微博已经成为影响各国政治安全、政党自主权以及政党生存的意识形态角力场，甚至被看作反映各

[①] 薛国林. 国外微博管理经验借鉴 [J]. 人民论坛, 2012 (2): 36-37.
[②] KRUIKEMEIER S, VAN N G, VLIEGENTHART R, et al. Getting Closer: The Effects of Personalized and Interactive Online Political Communication [J]. European Journal of Communication, 2013, 28 (1): 53-66.

国政治情绪的有效实时指标"①。概括来看,西方国家利用政务微博维护本党政治合法性的做法和经验主要包括如下四方面。

一、借助网络来获得选民支持,赢得竞选,增强政党的影响力

处于一个信息技术迅猛发展的时代,政治家们在竞选的时候,必须充分利用新的网络工具,才能够更好地吸引民众的关注和支持。在今天的社会,对大多数人来说,选民和网民的身份是重合的,绝大多数的选民都是网民,尤其是在西方发达国家手机和电脑已经实现了全覆盖的情况下。对大多数人来讲,尤其是对中青年人来讲,他们可能不看电视、不读报纸,但是没有人能够离开网络,没有人不上Twitter或者Facebook。因此,作为政党的领袖、选举的候选人,他们必须充分了解这一现状,利用网络来为自己赢得人气和支持。实际上,这些候选人也正是这样做的。在竞选期间,很多候选人都有专门的团队来进行微博在内的网络平台运作,通过建立候选人网站,候选人跟选民进行直接沟通,为竞选筹集资金、宣扬自己的政治理念、进行个人营销、组织支持者队伍等等。据调查,2004年,美国总统小布什竞选总统时,就充分利用博客作为宣传和竞选平台。竞选的双方阵营民主党和共和党候选人开展了一场"博客大战",而当时大约30%的选民也是通过博客来了解和跟踪竞选的动态和相关的议题。可见,21世纪初,网络就是竞选者要占领的重要阵地,博客和微博就是竞选者最重要的竞选武器之一。

美国前总统奥巴马之所以能够竞选成功,很大程度上得益于Twitter,得益于他创新性地利用Twitter这个工具筹集资金,加强与民众的网络

---

① 陈文胜. 国外政党微博问政的实践及启示 [J]. 国外社会科学, 2015 (6): 74-82.

沟通，甚至有人说奥巴马的竞选是"推特选举"。在连任竞选的时候，奥巴马的团队甚至在美国的全部50个州都申请了Twitter账号，组建了一支上百人的队伍来运营微博，以此来塑造自己的形象，宣传自己的主张，获得粉丝对他的支持，并获得来自粉丝的大量捐款。奥巴马甚至曾经在自己的Twitter上发表推文销售竞选周边产品，如印有副总统拜登照片的杯套，印有奥巴马照片的T恤衫、旅行背包、项链等，吸引选民购买来获得竞选资金。

我们看到，在美国，Twitter已经成为政治人物发表自己政治主张、塑造自己形象的重要平台。美国曾颁布一个关于政府网络建设的文件《政府开放令》，其中明确要求美国的各级政府必须充分利用Twitter等各种平台，做好政府与民众的沟通、政府部门之间的沟通，实现信息的共享和政务信息的公开，进而"致力于创建一个前所未有的开放政府"。世界各国普遍都认识到了网络平台的重要性，认识到今天的世界是网络世界和现实世界的有机统一体，每一个公民还有另一重身份，就是网民。据不完全统计，绝大多数发达国家的首脑目前都开通并使用Twitter，有一些甚至是Twitter的深度使用者。网络的高度发达和手机电脑的高度普及，使政治参与的形式也在发生变化。政治人物充分利用这一工具，通过网络问政处理网民的请求、搜集公共意见、直播官员的竞选活动等，可以最大限度地塑造自身的积极正面的形象，宣传自身的主张，并提高政党的影响力，为其赢得竞选、上台执政提供强有力的助力。

二、通过网络与公众进行交流和互动，树立政党的正面形象

国外的很多政党都很擅长利用微博等社会化媒体加强与民众的互

动，传播政党理念，并树立政党的正面形象。美国所有的州都开通了官方微博 Twitter 账号，积极从事政党活动，多数政党领袖都开设了自己的个人微博，打造自己鲜明的个性化形象，并直接与公众交流。

其一，通过微博与公众加强交流。各国政府通过微博来发布政府最新信息和新动态，微博成为政府机构发布政策最主要的平台和手段之一。美国总务管理局有四个官方推特账号，它每天通过这四个官微发布政务信息。除此之外，西方很多政党领导人非常注重利用政务微博来打造自身的形象，塑造个性鲜明的人设，进而吸引选民的注意力和支持，达到信息的高效传播和对政党候选人的宣传。普遍来看，西方国家政务微博也重视与网友的真实互动，如美国规定，政府部门不应使用类似自动回复功能的推特推送（Twitter Feed）服务，这样实现不了真正与网民互动、了解网民真实诉求的目的。因为网民在提出问题时，希望对方是一个真正的人而不是一台冰冷的机器，政府如果总是用机器代替工作人员来答复网民，一方面网民的问题往往不能得到满意的、准确的答复，另一方面也会打击网民的热情，消耗网民的积极性，导致网民对政党形象的不利判断，降低选民对政党的黏性和信任度。

其二，建立强大的微博技术支撑团队。借助飞速发展的网络信息技术和不断创新完善的新媒体平台，西方国家在微博的技术支撑方面具有强大的优势。比如，纽约市的政务微博启用了四个数字媒体平台：Facebook、Foursquare①、Tumblr② 与 Twitter，利用这四个数字媒体平台，基本可以实现对所有网民的全覆盖，了解到整个社会大多数网民的关注热点和网络动态、网络舆情趋势和倾向。通过这四个平台，纽约市可以向覆盖面极广的民众发布市政新闻、公布各种政策、回复市民的问题等。此外，纽约市还成立了社交媒介顾问与研究特别工作组（简称 SMART），全面负责帮助管理纽约市社交媒体的信息互动和反馈，协助处理该城市在使用新媒介的过程中的各种问题，进行新媒体技术的培训和使用；当新的网络平台出现的时候，负责进行评估，协助决定是否纳入政务微博的范畴；等等。这样就使该城市能够始终了解和利用新媒体技术推动自己和网民的互动，拉近与民众的距离，推动与民众的切实沟通。

通过全面开启网民广泛使用和热捧的社交平台，政党可以保持与民众的联系，提高民众对政党的认同度，动员他们参与竞选投票和各种政党活动。比如，荷兰 2012 年大选中候选人充分利用微博来为竞选助力，荷兰 1600 万居民中，拥有微博账号的人数达 700 万，将近一半的人开

---

① Foursquare 是一家基于用户地理位置信息（LBS）的手机服务网站，并鼓励手机用户同他人分享自己当前所在地理位置等信息。与其他老式网站不同，Foursquare 用户界面主要针对手机而设计，方便手机用户使用。2009 年 3 月，Foursquare 在美国上线，其创始人是丹尼斯·克罗利（Dennis Crowley）和纳文·塞尔瓦杜莱（Naveen Selvadurai）。按照官方的说法，Foursquare 模式 50% 是地理信息记录的工具，30% 是社交分享的工具，20% 是游戏工具。Foursquare 模式的出现将传统互联网和移动互联网进行了很好的融合。

② Tumblr（汤博乐）成立于 2007 年，是目前全球最大的轻博客网站，也是轻博客网站的始祖。它是一种介于传统博客和微博之间的全新媒体形态，既注重表达，又注重社交，而且注重个性化设置，成为当前最受年轻人欢迎的社交网站之一。Tumblr 沿用了传统博客的形式，并将其演变成一种意识流式的琐碎叙述，日志短小精悍、触发点十分随意——可以是一张照片、一段视频、一节引言、一条链接甚至一个闪念。Tumblr 不但支持在本站发布微博，还可以同步到 Facebook 和 Twitter 上。

通微博账号，其中活跃用户的比例在世界各国中是最高的。微博成为荷兰政务信息公开、政务服务和推动官民沟通的"标配"，大部分的党政机关官员都有自己的官微，普及率很高。微博的使用，缩小了党政机关和群众之间的"信息鸿沟"，微博是政党和群众之间搭起的一座桥梁，既能够吸引民众参与政党的线上活动，也能够调动资源促进民众对线下政党活动的支持，极大地促进了政党和民众的沟通，增加民众对政党的认可和支持。

三、充分利用微博实现公共危情预警和舆情监控

在遇到自然灾害或者社会突发性公共事件时，政务微博的作用会进一步凸显。西方执政党和政府也非常注重在这时利用政务微博发布一手信息，疏导民意，实现各级联动，提供互相救援。比如，美国政府已经把微博纳入了政府预警系统中，一旦发生如暴风雪、龙卷风、海啸等自然灾害，美国政府就会在主要的政务微博 Twitter、Facebook 上向民众发布通报信息，或责成相关部门开通专用的专题页面，使民众有一个专门的平台了解自然灾害或者危机事件的处理进展和最新动态，政府可借此了解民情并解决民众最主要的诉求。这种做法对民众和政府都是有利的。对政府来讲，政府官员可以借此了解民情、监测舆论动态，及时引导舆论态势，控制舆论发展走向，消弭网络谣言，减少民众的恐慌情绪；对民众来讲，他们减少不安全感和恐慌感，增加对政党和政府的信任。

四、健全相关法律法规，推动网络问政的法治化和规范化

西方发达国家针对网络问政的优劣势，在引导发挥其正面作用和遏

制其负面效应方面做出了很大努力，出台了一系列专门的法律法规来规范和管理政务微博的建设，推动政务微博健康、良性运行并发挥作用。比如，对在社交媒体上使用虚假信息危害他人的行为，制定相应的法律坚决处罚；对在网络上散布谣言，使网络环境乌烟瘴气的行为，也要坚决处罚；通过法治规范来引导民众上网的行为，营造良好的网络生态环境，确保信息传播的清晰、可靠和准确。英国在这方面是起步最早、法治化最好的国家之一。2009年，英国政府发布了长达20多页的《政府部门Twitter使用指南》（Template Twitter Strategy for Government Department），提供了比较完整的政务微博的管理方法和使用方法，主要包括使用Twitter的目的及评价方法、Twitter使用过程中的风险管理和有效管理、推广使用Twitter等内容。[①] 这个指南还强制性规定政府部门必须注册Twitter账号且需要专门的团队来运营和宣传官微。自此以后，推特成为各级政府部门的标准配备，极大推动了政务微博在信息公开和政务服务方面发挥自己的作用。

[①] 宫秀川. 我国"微博问政"的规范化发展[J]. 中共中央党校学报，2012，16(4)：67-70.

第三章

微博问政对党的执政方式创新的影响

经过10多年的发展，微博问政已经打下了一些基础，积累了经验，呈现出良性发展的态势：网络的全面普及和不断升级更新的信息技术提供了"问政"的平台，广大民众政治参与意识的提高激发了"问政"的动力，党对网络民意的重视为"问政"提供了发展的空间。但是，"微博问政"也凸显出一些问题，如互动性不强、规范性不强、实效性不强、制度化不足等。这些问题，有的是伴随着政务微博兴起、微博问政出现之初就存在的问题，有的则是在微博问政推进过程中显现出来的。这些局限性对党和政府树立正面形象、巩固执政基础、创新执政方式产生了不利影响。执政党更要正确认识微博问政的局限性，建立一种执政党与民众沟通的基础秩序和基本机制。执政党只有认识到其不足和局限性，才有可能找到对应的办法，发挥其优势，避免其劣势，提高执政能力，提高国家治理能力，进而实现党的执政方式现代化和国家治理的现代化。

我们既要看到微博问政在推动公民参与政治生活、拉近党群关系、增强党的网络执政能力方面的开创性意义，也要看到它自身的局限性，正如互联网经济领域专家尼葛洛庞帝所说，"每一种技术或科学的馈赠都有其黑暗面"，微博亦然。它像一把双刃剑，一方面，它重塑了舆论生态，减小了信息鸿沟，使民众可以更好地参与政治生活，建立起党政机关和民众相互沟通和交流的平台，增加民众对党和政府的认可，提高党的执政合法性并改善政府的形象；另一方面，它又可能腐蚀社会主流价值，使谣言泛滥，甚至可能引起从网络世界到现实世界的恐慌，社会灰暗面信息的传播降低党和政府的正面形象，增强了离心力，促使社会的分裂。作为网络民主表现形式之一的微博问政，虽然在推动中国共产党从"为人民执政"到"靠人民执政"的过程中起到了推进作用，但应该承认它目前仍然无法成为主流的民主形态。我们理解微博问政的局限性，并进一步分析这些局限性给党的执政方式创新带来的挑战，有助于我们对微博问政这种民主参与形式的优缺点有更客观、深刻的认识，进而扬长避短提出应对策略。

第一节 微博问政自身的局限性

作为"微博问政"关键载体的微博本身只是一种工具，其"物质构件代表的仅是一个潜在的能力；只有当智力结构开始使用它的时候，技术才会对个人和组织产生实际的作用"①。在微博问政的过程中，其中有三个因素是关键变量，决定着微博问政的效果，即网民、党政机关和微博。我们对微博问政存在的问题进行分析，至少应该从三个维度展开：问政者之网民、问政者之党政机构、问政者之平台——政务微博。

（一）问政者之网民

网民是微博问政党政机关和网民这一对关系中的一方。在微博问政这一民主参与的过程中，网民方面主要存在两个问题。

第一，网络民意不足，话语权不均等，导致民意可能"被代表"。

---

① 芳汀. 构建虚拟政府：信息技术与制度创新 [M]. 邵国松, 译. 北京：中国人民大学出版社, 2010: 48.

1900年，未来学家托夫勒（Toffler）曾经出版了《权力的转移》一书，书中提出了著名的"信息鸿沟"说，他认为随着信息时代的到来，不同国家、地区、行业等由于对信息技术、网络技术的拥有程度、驾驭能力以及创新能力的差别而存在严重的信息落差，发达国家和欠发达国家、信息富人和信息穷人之间出现严重的信息沟壑和数字鸿沟，这种信息鸿沟会进一步拉大发达国家和欠发达国家之间、穷人和富人之间的分化。我们今天来看他的预测是完全正确的，这是现在网络社会的现状。在网络社会中，网民之间存在着巨大的数字鸿沟。美国学者凯茨（James E. Katz）和莱斯（Ronald E. Rice）的研究也得出相同的结论，那就是现代信息技术的掌握和使用与使用者的性别、年龄、家庭收入、受教育程度以及人们的种族都是紧密相关的。即使面对同样的信息和网络世界，不同的使用者获得的信息和运用的程度也可能大相径庭。

我们以我国为例。我国城乡差距、行业差距、东西部区域差距较大，这必然导致网络资源分布不均衡，网民对网络设备的拥有程度以及对网络技术的运用能力也有差别，网络技术欠缺的网民难以把自己的声音和诉求有效传达给政府。根据中国互联网络信息中心（CNNIC）发布的第 48 次《中国互联网络发展状况统计报告》，截至 2021 年 6 月，城镇居民网民为 7.14 亿，占总网民的 70.6%；农村地区网民为 2.97 亿，只占总网民的 29.4%，城乡差距较为明显。① 图 3-1 是近五年来城乡地区互联网普及率的对比图，我们可以看出两者的网络普及率都在逐年稳步上升，但是两者之间的差距还是非常大的，究其原因，主要是农村地区收入低、教育水平低、互联网使用需求比较低，导致对网络的利用率低。

---

① CNNIC 中国互联网络信息中心. 第 48 次《中国互联网络发展状况统计报告》[EB/OL]. 中国互联网络信息中心网站, 2021-09-15.

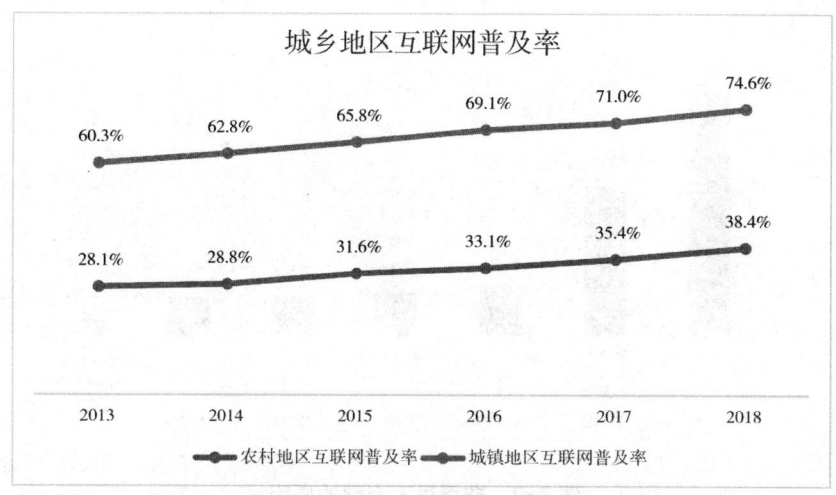

图 3-1 城乡地区互联网普及率
数据来源：中国互联网络发展状况统计调查 2018 年 12 月

我国还有为数不少的"非网民"。截至 2018 年底，我国非网民的数量为 5.62 亿，包括城镇居民和农村人口。大多数人不上网的原因是文化水平受限或者使用网络的技能缺乏，具体原因如图 3-2 所示。

"信息鸿沟"带来的网络资源的不均衡，网络弱势群体的先天劣势决定了他们无法在网络上发出自己的声音，他们更不可能利用网络去参政议政，只能成为网络民意的"被代表"群体。

除此之外，即使是微博用户也分为不同类型，在民主参与的过程中，其话语权也不一样。一般来讲，普通网友的微博要想发出声音是很难的，"意见领袖"和名人博客、明星博客粉丝数量多，影响力强，草根微博要被广泛地认知几乎是不可能的。这种微博参政的不平等也注定了现实政治资源分配的不公平，再加上网络社会的虚拟性，使网民意见单一、分散的弱点进一步凸显，无法形成对政府决策有实际借鉴意义的统一性意见。也就是说，这种民意是无效的、无意义的民意。

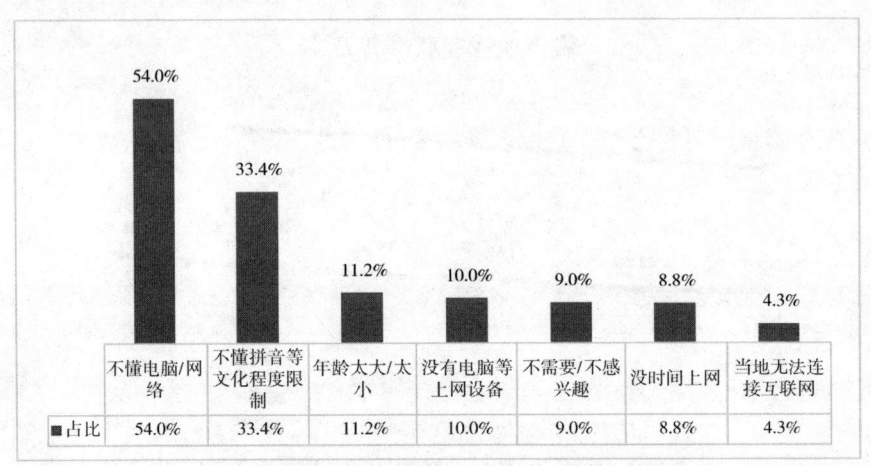

图 3-2 非网民不上网的原因

数据来源：中国互联网络发展状况统计调查 2018 年 12 月

第二，网民素质的良莠不齐导致"问政"的偏激化，网络表达失德且失格。

网民是"微博问政"的重要一方，网民的网络素养直接关系到"微博问政"的效果。网络给人提供了一个随意发表言论的空间，但是网民摆脱了现实社会中身份、地位、职业等社会角色的束缚，往往容易出现道德感缺失，发表一些不负责任的言论，随之而来的就是种种网络道德问题的出现，这对传统的社会伦理道德形成挑战。很多信息和言论在半真半假的面貌下呈现，部分网友缺乏判断力，信以为真，导致谣言满天飞，尤其是随着网民越来越年轻化、低龄化，这种趋势更加明显。据有关数据统计，我国 2018 年有 8.29 亿的上网人群，其中 50.3%为年龄在 20~39 岁的青年人[①]，这个群体本身还相对不成熟，往往在网络上

---

① CNNIC 中国互联网络信息中心．第 43 次《中国互联网络发展状况统计报告》[EB/OL]．中国互联网络信息中心网站，2019-02-28．

随波逐流，缺乏主见，对一些问题的看法难免会失之偏颇。

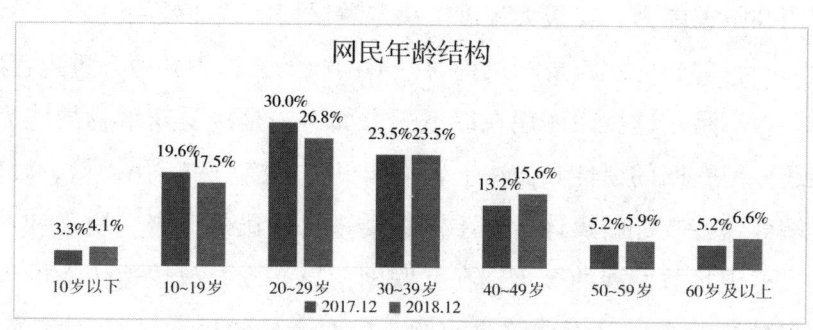

图3-3　2017、2018年网民年龄结构

数据来源：CNNIC 中国互联网络发展状况统计调查　2018年12月

群体的盲从性导致"网络暴力"，也会影响党群关系。美国学者凯斯·桑斯坦（Cass R. Sunstein）最早提出了"群体极化"的概念，它是指最初意见各不相同的群体成员，经过讨论后最终意见趋于一致，少数人的意见会服从多数人的意见，这是很常见的现象。在一个群体中，每个人都会受到群体领袖人物的影响，受到多数人意见的影响，主见和判断力也会大大降低，最终服从群体权威的意见。在互联网上，一旦某种观点获得了主流地位，就会对其他人形成裹挟力量，任何不同声音都会被淹没。在互联网上，由于言论自由，大家更应该理性克制，坚守网络表达的底线，遵守网络规范和法律，尤其是在对待意识形态、官员腐败、公权力相关问题时，很多表达失格失德，网络谣言大量散布，会对党群关系产生负面影响，甚至削弱党的执政合法性。因此，党和政府对这样的做法和行为要规范、引导和管理。

（二）问政者之党和政府

作为一种新的执政理念和执政方式，"微博问政"展现出的最大的优势应该在于党政机关与网民之间的双向良性互动，这是微博问政的生命力所在。党政机关官员对政务微博和微博问政的态度,对政务新媒体的使用和掌握能力,在很大程度上决定着微博问政的效果。

第一,部分党政官员和机构对微博问政的认识不到位,重视程度不够、能力不足,这往往体现在以下三方面。一是接受新事物的能力低,思维还停留在旧的惯性和做法上,不能很好地接受和运用微博、微信和客户端等这些政务新媒体,也不能接受来自网民的监督、质疑和意见。在公民意识日益发展的今天,在互联网信息高度开放快速传播的当下,部分官员的做法不仅不会解决问题,反而会导致民众情绪的反感、反弹,进一步激发民众对党和政府的不满,加快执政公信力的流失。

二是对这些政务新媒体有排斥和恐惧心理,不敢面对网民的意见、质疑和提问,以逃避、抵制和排斥的心理对待网络问政。"有不少领导干部在与网民交流方面存在认识不到位、运用不充分、应对不妥当等问题"①。部分官员在这个过程中时时处处充满危机感和排斥感,必然对政务微博的建设和微博问政缺乏主动性和积极性,导致问政效果不理想。

三是应对网络舆情的能力和手段缺乏。面对网络舆情出现的时候,有些官员应对无力,要么就是发言不恰当导致更坏的舆论影响,要么就是不敢发言,不能及时发出官方声音以正视听,导致谣言满天飞,甚至使其发展成舆情危机。在2011年的一次报告中,时任国务院新闻办网络局副局长刘正荣曾指出一个事实:"去年,75%的网络舆论热点事件都是因为基层政府部门回应不及时造成的,领导干部不能低估公众的智商,处理问题要实事求是,面对网络舆论事件,着力点要放在满足公众的知情权、构建信任上。"②

---

① 贺晓丽,满在龙.网络问政的技术路径、问题与推进策略[J].中共青岛市委党校青岛行政学院学报,2011(1):39-42.
② 国新办:75%网络舆论事件源于基层部门回应慢[EB/OL].华商网-华商报,2011-08-12.

第二，与网民的互动性不足。人民网舆情数据中心每年都会发布该年度"政务指数微博影响力报告"，会用互动力指数来评估政务微博的互动情况，"互动力"表征政务微博发布信息的影响情况，互动力指数越高，说明微博的内容得到了越多网民的关注和回应。我们根据微博被转发数①、被评论数②、被@数③、收私信数④来确定其互动力指数。我们追踪考察了2016—2020年政务微博的互动情况，发现大多数中央部委微博、微博大V会比较注重与网民互动，但是因为信息量太大，互动量其实也较为有限。有些政务微博还只停留在单向的信息发布上，甚至部分博文也是从自身网站上复制粘贴的"二次翻版"。微博问政的效果在很大程度上取决于政务微博运营者的主动性、积极性，微博问政不能仅仅停留在"浅层次政治沟通"上，要深入了解官民互动的重要意义，增强政府的公信力。

除此之外，我国还有一个客观存在的难题：很多政务微博大V粉丝数目庞大，动辄上千万、上百万、几十万，每天接收的网民信息浩如烟海，"存在去伪存真、仔细筛选和甄别网络信息的问题"⑤，而且网民中的诚心问政者固然值得鼓励，但也不排除网民中确有个别好事者或别

---

① 被转发数：政务微博用户在统计周期内所发微博的被转发数（仅统计可信用户），同一个账号对同一个用户进行多次转发，一天只统计一次。
② 被评论：政务微博用户在统计周期内所发微博的被评论数（仅统计可信用户），同一个账号对同一个用户进行多次评论，一天只统计一次。
③ 被@：政务微博用户在统计周期内的被@次数（仅统计可信用户），同一个账号对同一个用户进行多次@，一天只统计一次。
④ 收私信数：统计周期内该政务微博用户收到的私信数量（仅统计可信用户），同一个账号收到同一个用户的多条私信，一天只统计三次。
⑤ 邹鲁清. "网络问政"与党的执政方式创新[J]. 湖南行政学院学报，2010（5）：12-16.

有用心之徒不是问政而是扰政。① 同时，我们在提倡网络问政实现民主传统思路回归的同时，也应该防止网络民粹主义的出现。如何处理海量信息，如何对这些信息进行分类和整理，去粗取精，找到有效有用的信息、提炼出典型民意，并剔除其中无效的信息，这对开通政务微博的政务机构和官员提出了很高的要求，难度很大。②

第三，开设政务新媒体账户太多，疲于应付，效果不好。

近年来，各类政务新媒体平台层出不穷，在国家的号召和推动下，很多党政机关开设了微博、微信、抖音等多个账号，在运营的过程中，因为人手、编制及相关制度不足，疲于应付。2016年，国办80号文件《〈关于全面推进政务公开工作的意见〉实施细则》，提出"全媒体"政务公开的理念，包括政府网站、中央与地方主要新闻媒体，都市类、专业类媒体，新闻网站、商业网站、国际主流媒体、新兴媒体等。各平台在传播性质、受众群体特征、网民阅读心理、信息推送技术、内容发布规则等方面存在显著差异。于是，在开设政务新媒体账号热潮的推动下，很多党政机关都开设了多个账号，但是在运营、宣传推广和建设方面明显力有不逮，需要集合优势力量，重点发展主要账号，不要一味求多求全，最终效果反而不好。

实际上，政务微信、政务抖音等新平台的出现，对政务微博有很大的冲击力。我们以政务微信为例。据统计，截至2018年12月，我国网民使用手机上网的比例达到98.6%，主要使用手机作为终端的微信随之迅速崛起，截至2018年年底，微信城市服务累计用户数达到了5.7

---

① 邹鲁清. "网络问政"与党的执政方式创新 [J]. 湖南行政学院学报，2010（5）：12-16.
② 孙壮珍. 网络问政与民主传统思路的回归 [J]. 电子政务，2010（10）：57-60.

亿①，微信因为其私密性、社交性以及开发了生活缴费、游戏中心、银行卡支付等非常常用的功能，成为一个用户依赖度很高的平台。微博自2009年推出之后到现在已经10多年，在功能创新上乏善可陈，而且在微博上公共讨论动辄演变为谩骂和攻击，给人一种充满戾气的感受。加之官方的渗透和管控有时候把握不好尺度，微博经常出现微博博主被关"黑屋"，博文被"加密""审核""删除"等状况，导致微博用户流失。微博如果不解决商业问题，没有足够的资金继续创新研发，就很有可能无法持续地将公众留在这个"广场"上，人气流失，公共空间也会萎缩。在这样的情况下，政务微博也很容易失去与之对话的群体，化解不信任的"墙"的愿景也难以实现。

第四，政务微博在行业和地域间发展不均衡，有些地方开通率低。

正如前文所述，政务微博的发展存在行业差异和地区差异，部分行业、地区微博发展缓慢，开通率低，对微博的认识程度、重视程度和开发利用程度非常低。官方在微博舆论场上的缺位，其结果必然是信息发布不通畅、回应问题不及时。可见，在民生服务本地化、草根化领域，政务微博仍有较大的发展空间和价值。

（三）问政平台——微博

第一，微博的开放性和快速传播性使其政务信息和服务能快速传达、覆盖到民众，但是同时也会使负面信息的传播非常快，影响微博用户的使用体验。由于微博普通用户登录采取匿名制，微博发布的信息汗牛充栋，其真实性难以考证，微博网站往往成为谣言的温床、虚假新闻的沃土。学者将微博环境下的危机传播特征概括为以下三方面：（1）负

---

① CNNIC 中国互联网络信息中心. 第43次《中国互联网络发展状况统计报告》[EB/OL]. 中国互联网络信息中心网站，2019-02-28.

面信息的发布更加即时和便捷，迅速引发危机；（2）负面信息的聚合力更强，危机扩散更快；（3）衍生新的负面信息，危机不断升级。[①]

第二，短小精悍既是微博的优点，又是其缺点，这也决定了其无法成为公民参与的正式机制。网络民主的诸多缺陷使其无法成为当下民主的主流样态，作为其延伸，微博问政也是如此。微博因为其短小精悍，符合现代年轻人碎片化写作和浅阅读的习惯，有利于信息被快速了解和传播，但是它的消极作用也非常明显，就是它不能准确、全面地说明一个事、一个观点，只能是只言片语、语焉不详。这短短的140字的解读更容易使人们产生误解，给人们带来交流和理解上的偏差，增加了微博问政沟通和交流的难度，使民意变成一个个孤立、单一、散乱的文字。

第三，部分政务微博为迎合网民，内容轻量化、信息同质化，忽视了基本的政府发布和服务功能。很多政务微博对自身职能不清晰，定位不准确，内容上轻量化，长此以往必然导致网民的关注越来越少，其难以维持。近几年，短视频、直播等形式广受热捧，很多微博似乎找到了这样一条简单易行的"吸粉通道"，通过拍摄大量短视频来吸引粉丝。短视频和直播如果不是建立在履行自身政务职能基础上，效果依然是差强人意。相关部门要运营一个优质的微博账号，在利用短视频和直播的过程中，至少应该做到如下几点：一是短视频和直播必须密切结合自身职能，不能为了视频而视频，不能为了吸引粉丝而把内容庸俗化、搞笑化。二是视频的制作要精细化，不要粗制滥造，要结合自身职能出精品，拒绝同质化。三是短视频和直播要体现本土属性，打造本质化、本地化的特色视频。四是可以与专业的媒体机构合作，借助专业媒体的优势，联合打造优质视频。其可以形成常态化发展，打造IP效应。政务

[①] 钱珺．微博环境下的危机传播应对［J］．新闻知识，2010（12）：50-52．

账号要"接地气",但是也不能忘记自身最大的优势是权威性和官方属性,要明白公众关注政务账号的本质诉求不是求幽默搞笑,而是信赖公权力的权威、真相的权威、执法的权威,不能本末倒置,舍本而逐末。

(四) 微博问政机制不健全

微博问政机制不健全不规范,导致"问政"的无序化,这是阻碍微博问政常态化、规范化发展的主要因素。作为一种新生事物,党和国家虽然大力支持和推进包括微博在内的网络问政和网络信息化建设,但是目前"微博问政"的一系列相关制度还不完备,尚未成为普遍存在的常规制度,政府与网民之间的问与答并没有形成有序的、规范的、合理的常态性对接,这构成了微博问政长期发展的障碍。

一是问政过程中,问政的工作机制、责任机制不健全。比如,网民向政务微博提供各种信息,信息杂乱无章,如没有专门的人员归纳、分类、检查等,无法把民众的真实意愿反映到相关部门。

二是问政后,反馈机制、监督机制和评议机制不健全。问政的效果如何,网民的问题是否有回应,回应的结果如何等都缺乏监督和约束。这样往往导致的结果是"问"多"政"少,大多数网民的意见不能落实。

三是"网上问政"和"网下行政"缺乏制度链接。"网络问政"虽然是一种很好的问政方式,但在实践中存在"网上问政"和"网下行政"脱节现象,使"微博问政"有一定的随意性。

第二节 党运用微博问政存在的问题

我们上面分析了微博问政的局限性,这些局限性为党的执政方式、党的执政能力的提高带来了挑战。概论来看,微博问政为党的执政方式创新带来挑战的原因主要集中在如下四方面。

一是思想观念上的问题。思想认识不到位、不深刻、不积极是影响党政机关高效利用政务微博、推进微博问政的主要障碍之一。很多党政干部对微博、微信等政务新媒体的强大动员能力、对网民和政治的影响能力认识的不到位，对这种网络新技术给政党和政府带来的巨大改变认识的不深刻，导致他们对政务新媒体的利用和驾驭能力非常有限。

二是技术运用上的问题。微博问政的核心就是问政于民，所以需要搜集、整理强大的信息资源，建立一个庞大的信息库，这就需要从纷繁芜杂的微博世界中有效搜集、分类、监测、提炼来自网民的有用信息，这个工作不能依赖微博工作人员，因为人力太有限了，而只能依靠大数据在内的各种信息技术。相关部门对这种技术的有效运用并建立庞大的信息数据库，为政策执行、决策、反腐等各方面提供巨大的信息支持，才能有效推动微博问政。目前来看，很多政务微博主体在利用大数据等技术充分实现信息打通、共享、监测、提炼等方面还存在难度。

三是制度规范上的问题。政务新媒体的有效使用、全面推进已然是一个不可回避的事实，各级各行业各部门，从中央部委到县乡基层都在层层推进，并且10余年的发展取得了不错的成绩，但是制约其长期、良性运转的问题依然没有解决，这就是制度化和规范化问题。如果不能制度化发展，微博问政的长效推进就无从谈起。这具体包括：（1）政务信息公开制度不健全，各相关部门之间信息共享平台没有搭建起来，民众在寻找政务信息的时候有一些难度。（2）微博民意征集和吸纳制度不健全，缺乏对微博舆情的实时监控和科学评估，对微博反映出的合理民意吸纳不够，缺少必要、及时、到位的反馈。（3）微博民意的沟通交流机制需要进一步健全。如何促进与民众的有效沟通和交流值得深入思考。如何引导网络上的过激、不负责任的言论，以更快的回应速度、更高的回应效率、更有效的辟谣手段引导网络舆论，是党和政府在网上面临的一大难题。（4）微博绩效评估机制不科学。党政机关在微博问政的过程中表现如何，是否有效回应了民众的问题，是否提高了决策的科学性，是否提高了执政能力，党和政府对这些问题都缺乏一个科学的考核体系。没有科学的考核体系，也就不会建立起科学的奖惩体系。党和政府对工作到位的政务微博主体要给予激励、表扬，对工作不到位的党政机关、政务微博主体要给予鞭策、处罚，建立激励约束制度。（5）建立对微博运营商的考核和激励体系。这也是推进微博问政很重要的一方面。

四是网络伦理道德建设的问题。互联网进入中国已经20年多了，但是很多网民还没有网络道德观念，整个社会还没有建立起一套相对成熟的网络伦理道德体系。净化微博环境，营造健康、有序、文明、理性的微博生态，是需要党和政府以及所有网民共同努力才可能实现的。现在的中国处于经济高速发展、社会矛盾多发的阶段，在这个发展阶段，一些人往往过于注重经济利益从而导致道德底线缺失，导致微博舆论生态比较复杂。

总之，微博只是一个平台、一个工具、一个武器，它可以带来正面的作用，也可能带来负面的影响；它可以作为民众利益表达的通道，也可以作为官民、党群沟通的渠道；它可以推动党的执政方式创新，它也有其局限性。如何使用这个平台和工具，如何趋利避害最大限度地发挥它的作用，建立良性的官民党群关系，微博问政的活力和运用空间最终还由党和政府的实际作为来决定。

第四章

党适应微博问政创新执政方式的对策

从 2009 年第一个政务微博开设到现在已经 15 年，我们即便从 2011 年政务微博元年算起，它到现在也是 13 年多的时间了。经过这么多年的发展，政务微博因为它的开放性、动态发展、协同传播的特性，在全国范围内搭建起了上下联动、左右互动的庞大网络体系，已经成为各级政府响应习近平总书记所说的"了解群众、贴近群众、为群众排忧解难"的重要途径，成为践行新时代网络群众路线的重要平台。从微博问政的实际情况来看，党和政府充分利用包括政务微博、政务微信、政务客户端等在内的政务新媒体，推进网络问政，其目的就是将"为人民执政"和"靠人民执政"有机结合，通过充分发挥网络民主的优势，使之与代议民主互相补充、互相促进，进而密切党和政府与民众的关系，实现科学执政、民主执政、依法执政，树立党和政府开放包容，不断自我学习、自我革新的形象，赢得人民的认可与支持，提升自身的网络执政能力。换句话说，微博问政已经成为推进党的执政方式创新的助推器。目前来看，微博问政存在的局限性和问题也不少，要保障其始终发挥作用，需要从多方面入手，建构微博问政的长效机制。

第四章 党适应微博问政创新执政方式的对策

第一节 确立网络空间的真实在场意识

解决党在网络社会中的在场问题，是党创新网络执政方式的前提。党要驾驭网络社会，主导网上社会，首先需要做到在网络社会中真实在场，有真实的影响力和领导力。"政党在网络中存在的本质，在于解决政党网上存在和网下存在有机统一问题，即政党能够借助网络特性在网络空间中实现真实在场"[①]。在这方面，我们已经做了很多工作，如从20世纪90年代起就开始推进政府上网工程，建立政府网站，网络问政兴起以后，从党的最高领导人到整个国家层面都在尽力推动和充分利用这一新兴的载体，试图挖掘网络中蕴含的巨大能量，进而达到党的执政能力增强和国家社会治理能力提高的目的。今天回头看网络问政或者微博问政这十几年的历程，总结其经验教训，我们认为党在网络世界的存在感需要进一步加强。利用微博问政，进一步加强党在网络社会的引导力和驾驭力，使其在网络空间中实现真实在场，我们从以下三方面着手。

一、转变执政理念，以开放的姿态适应互联网的发展

观念和思维的转变非常重要。党和政府能否以高度重视的站位、全力接纳的开放心态对待网络世界和微博问政，是其能否在网络社会中真正在场的前提。中国共产党要实现政党现代化，必须有开放的姿态、兼

---

① 林尚立，郑长忠. 全面提升党的网络执政力与党的执政方式现代化：社会管理创新背景下的一项重要命题[J]. 中国延安干部学院学报，2013，6（2）：83-88.

容并包的精神、不断自我更新的勇气。自 1978 年中国实行改革开放政策以来，"开放"成为我们语言体系中最常用的词汇之一。本研究中的开放，则侧重指党和政府在面对外部世界和自身变化、危机和挑战时候的一种姿态。这种姿态是接纳的，不是排斥的，是对话的，不是拒绝沟通的，是平等的，不是居高临下的，是主动加入的，不是被动逃避的，使党政机关及官员以开放的心胸和虚心学习的态度拥抱互联网，使党和政府的建设不断走向信息化、智能化。

开放才有可能融入网络社会中。党和政府要在网络世界树立权威和公信力，首先要加入巨大的网络世界中，并在其中积极活动，发挥重要作用，引领网络世界的发展。其没有开放和接纳的心态，就没有办法真正参与进来。我们总结这些年微博问政在内的网络问政的发展历程，可以很明显地感受到，对很多政府机构和政府官员来说，在面对网络上汹涌而来的网络意见的时候，尤其是这些意见是偏激的、不客观的，是把政府放在对立面去批评，甚至是攻击和批判党和政府的时候，他们难免会觉得难以应付。随着科技的发展，网络新平台新技术不断出现，让人应接不暇，人们要去学会使用这些平台本身也有难度。因为以上种种原因，政府机构和官员有时候会害怕、排斥利用这些政务新媒体。害怕、逃避、排斥不是最好的、积极的应对办法，正确的做法应该是迎头赶上、正面解决。一个真正依法执政、民主执政和科学执政的服务型政府，在面对微博、微信、客户端等这类新兴媒体的时候是不会惧怕的，也不能惧怕。[①] 恰恰相反，政党始终要增强自己自我学习、自我革新的能力，始终在与民众的互动中，与社会共同进步。

---

① 陈文胜. 国外政党微博问政的实践及启示 [J]. 国外社会科学，2015 (6)：74-82.

开放才能保持党自身的活力和生命力,才能始终与网络社会共成长。开放是对抗僵化最好的武器。作为一个长期执政的党,在巨大的执政惯性力量下,僵化总是很容易发生。这种僵化包括思想的僵化、教条化,包括工作方式的经验化,等等。这种僵化必然带来的结果就是脱离群众,党无法感受到群众的脉搏和呼吸,成为在群众之上高高在上的力量,长此以往,这样的党和政府就会失去自我革新、自我成长的压力和动力,走向僵化腐败。中国共产党是一个执政70多年的老党,尤其应该具有忧患意识和改革意识,以一种极大的改革勇气和政治智慧推进改革,警惕"改革恐惧症"和"改革麻木症"。只有这样,党和政府才能始终与人民共呼吸,始终让人民信赖、依靠、认可。那么,不管是网上社会还是网下社会,党和政府都会在人民心中"在场"。

微博能够推动党与公众建立"全新开放"的关系,使党与民众在有效的互动中,彼此信赖依靠。微博的蓬勃发展,为广大民众参政议政提供了一个公平快捷、透明强大的网络舆论沟通交流平台,微博成为人民群众行使知情权、参与权、表达权、监督权等公民权利的重要渠道,使政策的制定、政府的工作流程等政治运行过程更为公开透明。① 因此,对共产党来说,微博问政是其了解民情民意、汇聚民智、展示和重塑自身积极正面形象的有力武器,全面接纳它,并充分利用它,才是对待它最好的态度。

二、提供全方位、整体性的服务,使群众有问题找政务微博

自 2011 年政务微博元年到现在,微博问政已经推行了 10 多年的时

---

① 陈文胜.国外政党微博问政的实践及启示 [J].国外社会科学,2015 (6):74-82.

间。在这10多年的时间里，政务微博从兴起到发展、成熟，已经建立起比较完备的体系。从数量上看，截至2018年12月，经过新浪平台认证的政务机构已经达到138253个；从省份分布上来看，截至2018年年底，我国各省均开通了政务机构微博，其中数量最多的是河南省，政务微博数量1万多个，数量最少的是西藏和港澳台，也分别开通了310、410个。从行业上来看，各行各业都开通了微博，尤其是交警、公安、党务和政务机构，政务微博数目总量巨大。

微博的用户数量非常庞大。根据《2018微博用户发展报告》统计，截至2018年年底，微博月活跃用户达到4.62亿，微博日活跃用户达到2亿，微博用户规模持续攀升，连续三年增长超过7000万。很多政务微博大V粉丝数目极其庞大，如"中国警方在线"，截至2018年年底粉丝数将近3000万，"平安北京"紧随其后，粉丝数目为12 471 164[①]，也达到了千万大V级别。这个网络世界中，每天都在进行信息的交互，微博在发布政务信息，提供政务服务，网民在了解政务信息，提出自己的诉求。这是一个扁平化的、信息可以直达的平台，可以实现最快最新的信息交流和互动。党和政府需要进一步完善政务微博的服务系统，构建好服务平台，使群众遇到困难的时候可以通过微博找到责任部门，并能够得到及时解决。

微博问政平台的全面覆盖，可以保障党政机关在日常生活中"在场"。政务微博铺设、搭建的这个信息平台和服务平台，基本形成了全面覆盖、各级联动的局面，服务范围得到全面升级、效率得以大幅提高，为老百姓切切实实地解决了很多问题，发挥积极作用。比如，据不

---

① 本段文字的数据信息均来自中国互联网络信息中心. 第43次《中国互联网络发展状况统计报告》[EB/OL]. 中国互联网络信息中心网站，2019-02-28.

完全统计,"问政银川"2017年通过微博共接到求助19000多件,办结18000多件,办结率达到97.74%。①"马鞍山发布"为群众修水管、修电梯、修不平之路,晒"僵尸微博",晒服务之心,真诚、及时的服务得到了广大网友的称赞。政务微博的这些实实在在为群众服务的做法,得到了群众的支持和肯定,也更好地塑造了党和政府在群众中的形象,践行了党的网上群众路线。

除了日常生活中的在场之外,突发事件,尤其是自然灾害等重大危机事件发生时,政务微博的"在场"尤其重要。面对突发事件,网民急切的关注,很容易形成舆情焦点,如果调查和信息发布具有滞后性,难以满足网民知情的需求,容易出现各种谣言和猜测,对信息传播和舆论引导非常不利。重大突发事件发生后,随之而来的往往都是高关注度的激烈舆论交锋,在时间短、关注度高、各种猜测和谣言广泛传播的形势下,如何做好信息传播和舆论博弈,是政务部门面临的突出难题。为了在突发事件发生时加快反应速度、发挥联动优势,2018年,政府机构改革成立了应急管理部,是在整合13个应急管理相关职能部门基础上建立的。它的官方微博是"中华人民共和国应急管理部"。在台风"山竹"、张家口重大爆燃事故、兰海高速重大交通事故等安全生产事故和自然灾害发生后的短时间内,我们总能在微博上看见"中华人民共和国应急管理部"的身影。从高效聚合信息到快速回应舆情、从整合资源调度到团结舆论人心,"中华人民共和国应急管理部"的专业和效率全面刷新了应急管理信息公开的格局。在灾害事故中,除"中华人民共和国应急管理部"外,其他责任机构也纷纷利用官方政务微博

---

① 李雪莹,姚盼,敬冉. 政务微博运维的适应性发展探索[J]. 新闻前哨,2018(11):26-27.

这一渠道，抢占第一时间、做第一定义者，启动应急值班机制，完善信息传输、审核、发布流程，高效发布信息。

所以，在这种危急时刻，政务微博的"在场"并妥善处理，做一个及时的"灭火员"，是给网民带来信赖感的最重要的来源之一。日常政务在特殊时刻更要"在场"，才能共同打造党和政府在网络社会中满满的"在场感"。

三、减少"不在场"时刻，让民众看到政府与公众对话的诚意

实际来看，日常政务活动和重大危急时刻，微博"不在场"或者"消极在场"的时候有很多，影响到民众对政府网络形象的判断，进一步影响到民众对党和政府的整体判断。党和政府需要在以下两方面加强建设。

一是加强政务微博建设。很多政务微博存在有开通无管理、有发布无更新、有更新无回应的状况，政务微博出现"空虚化""空心化"和"名利化"，甚至成为"僵尸微博"。微博只是为了完成任务和指标而开通的"网络形象工程"，既没有公众想要了解的政务信息，又谈不上回答民众的问题、解决民众的困难，不回应或者回应不力，不作为或者作为不善等现象频发，结果就是最终反倒消解了政府与公众网络对话的努力和诚意，降低了政府的公信力。例如，2018 年的"拼 XX 事件"，"上海工商"最终也没有做出解释，也没有给出自纠自查工作明确的时间表，遭到公众的不满和指责。在高风险的现代社会中，政务微博及其运营主体更要明白，面对舆情风险，发声不力也是失声，不善作为仍是缺位。

党和政府要坚决避免这种现象，把政务微博的建设实实在在放到一

个重要的位置上，配置专门的机构和人员管理微博，从博文发布到每日更新到回应网友的问题，要遵循微博传播的规律，并做出非常详细的规定和应对。通过联动机制，上下级联动，同级互动，解决网友提出的问题。

二是加强对政务微博运营人员的培训。政务微博的运营水平、管理水平的高低在很大程度上决定最终服务效果的好坏。目前来看，很多政务微博的运营水平低，需要设立、完善专门的机构，开展管理运营工作。一般来讲，在一个相对完善的政务微博组织体系中，其应该包括：（1）政务微博管理委员会，负责微博日常的编辑、发表工作。为了完成这个任务，党和政府需要设置图片编辑、文字编辑、多媒体编辑、信息监测编辑、信息搜索编辑和数据统计编辑等岗位和人员。针对特殊舆情，党和政府还可以设置特邀舆情顾问。（2）舆情监测和危机应对小组，负责舆情监测，随时了解网络舆情，进行舆情研判，防止出现舆情危机。当舆情危机出现的时候，该小组负责制定应对方案，调动各方力量，化解、缓和舆情危机。

近几年，中央办公厅、国务院办公厅多次发文强调党政机关在面临重大舆情时候要及时做出回应，要"在应对重大突发事件及社会热点事件时不失声、不缺位"，且对重大舆情回应的时间要求，从24小时内举行新闻发布会，提速到5小时内发声。从以前民众需要跑腿办理的"现场政务"，到需要联网的"上网政务"，再到如今打开手机就可以获得的"移动政务"，政务服务的发展经历了质的变革。我国未来应进一步推进"互联网+政务服务"，加快构建全国一体化网上政务服务体系，推进跨层级、跨地域、跨系统、跨部门、跨业务的协同管理和服务，推动企业和群众办事线上"一网通办"，线下"只进一扇门"，现场办理

"最多跑一次",这是未来"互联网+政务服务"的发展目标。

2018年1月,"初心·使命·新征程——2018政务V影响力峰会"召开,人民日报、新浪网在内的主办单位宣读了"政务微博初心宣言"。这个初心宣言中强调政务微博会"尊重每一位网民,倾听他们的心声;重视每一条发布,解读时代最强音;聚焦每一次互动,沟通民意汇聚民智;做好每一次回应,快速准确传播真相;重视每一条诉求,构建可持续对话通道;尽责每一次服务,事到实处民生无小事;关注每一次协同,积极参与社会化服务;夯实每一次进步,打造互联网+政务新模式"①。党和政府的政务机构要牢记这个初心,着力打造以政务微博为主的政务新媒体平台,做好政务公开、服务、倾听,那么在网络社会中,在网民的心中,党和政府便会"永不缺席,始终在场",政务微博便会构筑牢固的网络阵地。

第二节 掌握网络意识形态工作领导权

意识形态事关我们举什么旗、走什么路、事关国家政治安全,在根本性、方向性问题上,我们一定要坚定政治立场、明辨是非、毫不含糊。党的领导是中国特色社会主义最根本的政治规矩,我们要始终保持清醒的头脑,坚定党对意识形态工作的领导地位不动摇,对否定党的领导等错误思想言论,要敢于亮剑否定,坚定不移地坚持中国共产党的领导,这是改革发展的制度底线,是事关中华民族前途命运的政治底线。

---

① 2018政务V影响力峰会举行 微博完善政务新媒体矩阵 [EB/OL]. 环球网网站, 2018-01-24.

正如前面所述，微博成为西方意识形态渗透和各种社会思潮泛滥的地方，也是丑化党和政府的形象，削弱党的领导力的地方。意识形态工作是政党执政的软基础，关系执政的宽度与深度。有效利用微博等现代新媒体技术，坚守住党的意识形态主阵地，并掌握在网络意识形态工作上的主导权和话语权，是现代政党在互联网时代立足和发挥作用的重要前提。因此，建构"网上社会"的意识形态工作体系，就成为执政的必然要求，其核心问题就是如何在新型的网络社会中依然保持意识形态工作的有效性，增强阵地意识，把意识形态工作的领导权、管理权、话语权牢牢掌握在手中，并使意识形态工作更加深入和细致。其着力点有如下三方面。①

一是要全面融入网络社会中。"党的组织、活动和工作，只有全面融入网络社会中，掌握网络语言，拥有网络权力与权威，才能做好网上社会的意识形态工作。这种融入，不仅是能力的问题，还是态度问题，因为它需要政党具有开放性以及对话性。"② 首先，党政机关和党员干部要改变传统的思维方式和工作方式，不能像以前一样以一种高高在上的姿态和"我下命令你执行"的方式来开展网络工作。只有态度和方法改变，其他一切技术上的推进才有前提和意义。否则，他们只能引起网民的反感和对抗，使党和政府的网络执政事倍功半、效果不理想。

其次，在网络舆论的管理方面要讲究方式方法，善于引导、疏导，

---

① 林尚立，郑长忠. 全面提升党的网络执政力与党的执政方式现代化：社会管理创新背景下的一项重要命题 [J]. 中国延安干部学院学报，2013，6（2）：83-88.
② 林尚立，郑长忠. 全面提升党的网络执政力与党的执政方式现代化：社会管理创新背景下的一项重要命题 [J]. 中国延安干部学院学报，2013，6（2）：83-88.

并达到主导的目的。党和政府要灵活运用"炒、发、放、冻、化"等策略。① 何谓炒？炒不是炒作，而是说对网络上积极正面的热点事件和人物事迹等要"炒热"，充分发挥其对群众的正向激励作用，使更多的网民受到正面舆论的鼓励和影响，对社会和谐和良好网络生态发挥作用。何谓发？发是指启发，对有利于党委和政府的工作、有利于意识形态建设的网络舆论，要尽量推动其发酵发展，使星星之火形成燎原之势。比如，党和政府可以在政务微博上主动设置一些网民感兴趣的议题，组织网民展开讨论。官方要勇于发声，善于引导，营造"微话题"和"微舆论"，发出和放大正面声音，释放正能量。党和政府通过营造"微话题"来引领公共话题空间，对弘扬主旋律和提高主导价值观的影响力也有着重要的作用，直接式或间接式的"微话题"可能会带来意想不到的效果。② 何谓放？放就是先搁置不管，主要是针对没有形成影响力且一时间难以分辨好坏的网络舆论，先放到一边，静观其变再做应对。何谓冻？冻就是冷冻，是对一些不利于党和政府的言论，尚未形成严重影响的，先冷冻起来，逐步使其冷却、破解、消除。何谓化？化是指化解。对群众中出现的不满、不解、怨恨、愤怒等情绪，党政机关应该主动积极去解决，化解矛盾和冲突。论坛管理员可以以跟帖的方式对不当或过激言论予以正面引导，对发帖者进行规劝或警告。党和政府只有分类处理，分而击之，根据不同的情况做出不同的应对，才可能抢占网络话语权，引导好舆情走势，消除网络谣言，掌握网络舆论的主导

---

① 纪红，马小洁. 论网络舆情的搜集、分析和引导 [J]. 华中科技大学学报（社会科学版），2007（6）：104-107.
② 张明海，张友奇. 政务微博传播中主导价值观与主流价值观的融合与互动 [J]. 湖南社会科学，2015（6）：48-51.

权，维护党和政府的公信力，树立党和政府的正面形象。

二是要寻找意识形态宣传的切入口。网络交流与宣传有其规律与途径，寻求合理的切入口，创造有效的路径十分关键。党和政府可以充分创新"互联网+爱国主义"的表达方式。在彻底告别灌输式的网络对话与沟通中，意识形态工作的切入口，应该更加人性化，更加国家化。前者，要将意识形态的工作与人生信仰和价值的建构有机结合；后者，要将意识形态的工作与中国的现代国家体系建设有机结合，其中包括国家核心价值的建构。比如，"共青团中央"于2018年4月发布了一个话题#我为核心价值观代言#，在全网引发了广泛的关注，话题相关微博发布后，省级、地市级以及学校团委官微纷纷转发，在学生群体中产生了广泛的影响，其转发#我为核心价值观代言#微博就有机会获奖的形式也使这条微博成为"共青团中央"最热的微博，转发量为27543，评论量为6659。

政务微博作为正面舆论的引导者，理应担负起宣传爱国事迹、弘扬民族精神的职责，在这方面有些政务微博表现亮眼，值得学习和被肯定。2017年9月开学之际，一名内地女学生在香港中文大学校园撕下"港独"宣传海报，与"港独"学生激辩民主，"公安部打四黑除四害"霸气发言声援，为反"港独"女生打气，体现了我国政府维护"一国两制"、反对"港独"行为的坚定立场。

三是深入推进意识形态工作的宣传和沟通工作。网络技术的便捷与快捷，使意识形态工作可以十分全面和深入。这种深入不是基于对被宣传者的灌输而形成的，而是基于对被宣传者的服务和开发而形成的。这就需要政党能够通过网络进行更加多路径、多形态、多时点的意识形态的宣传和沟通工作，真正做到细致入微。2017年8月，相继曝光的

"抗日纪念馆前身着日军军服拍照"和"《二十二》遭截图制作表情包"事件引发了全民的愤怒和声讨,肆意消费历史的行为不仅伤害了国人的感情,还带来了极其恶劣的社会影响。"警民直通车-上海"积极履责,在一周内先后发布两则通报,依法处理了以上两起亵渎历史事件中的当事人,以实际行动表达了对国家历史的尊重和对社会公序良俗的捍卫。

我国可以通过培育网络精英"意见领袖",增强党和政府在网上的引导力。"意见领袖"对网络舆论的影响和作用是非常大的,只是我们看到这种作用分为正向和负向两种。广大网民的意见和表达往往是散乱的、不成体系、只言片语的、不是那么清晰和确定的,"意见领袖"往往有更强更系统的理解表达能力和认识能力,"言他人想言而不能言",网民的意见最终在"意见领袖"这里汇集并达成共识和统一。所以,"意见领袖"的表达和立场就非常重要,因为它表达清晰,且具有极强的感染力、影响力和引导力,且往往有规模庞大的粉丝群从而代表了很多人的意志。观察网络上舆论形成的过程,我们往往发现一个规律:有很多人往往受"意见领袖"和"少数服从多数"心理的影响而改变自己最初的立场,跟大家的意见趋于一致。所以,在构建微传播话语体系的过程中,我们必须高度重视培养政治立场正确、拥护党和国家利益的"意见领袖",通过与"意见领袖"的合作,在社会主义意识形态立场下达成双方的价值共识,共同建构网络话语体系,提升主流话语的权重。

除了"意见领袖",政务微博中的大V同样具有很强的舆论引导力。尤其是粉丝规模达到千万、百万级别的中央部委、党政机关和主流媒体的党政机构微博和明星官员微博,他们不仅能够站在主流价值所倡导的立场，解读民情，倾听民意，而且彼此之间能够形成良性的互动机制，在网络的喧嚣中，主流政务微博能起到信息过滤、舆论"定海神针"的作用。政务微博结合自身职能，坚决维护国家主权与威严，积极宣传爱国精神，惩治破坏国家形象的行为，从各方面引导人民树立和坚持正确的历史观、民族观、国家观、文化观，壮大了主流舆论的力量，有效地增强了国民的归属感、认同感、尊严感和荣誉感，树立了新时代下中国昂扬奋进的国家形象，进一步升华了民众的爱国情怀。今后，政务微博还可以进一步通过互联网开展爱国主义教育，采用青年人乐于接受的网络形式传递思想价值观，注重开发在线爱国主义交流、互动方式，引导网民结合自身的知识、经验和传播关系，展现身边的爱国主义案例，帮助网民学会理性自觉地传播爱国思想。

总之，当今世界意识形态领域的竞争，在很大程度上体现为传播媒介实力和传播话语权的竞争，政务微博舆论场作为巩固主导价值观话语体系的主阵地，更要努力巩固和强化自身话语权，打造人民拥护、社会支持的全方位话语体系。

第三节 打造功能互补的政务微博矩阵

对执政党来讲，增强执政能力，革新执政方式，一个重要的方面就是要统筹驾驭和组织调动党组织内外部一切可以利用的资源，具备强大的组织和整合能力。党组织在网络空间中要具备足够的驾驭能力，能够整合组织内部和外围组织的资源，需要建构一个适应网络社会交流方式的、具有政治功能的平台，借助这个平台，党的组织能力和整合能力得以进一步提高。政务微博的矩阵功能在资源整合和组织调动方面具有先天优势，党和政府利用微博矩阵搭建党组织活动的平台、群众工作的平台、资源交换和共享的平台以及整合党的外围组织的平台，进而为提升党组织在网络空间中的驾驭和整合能力奠定基础。

一、加强政务微博矩阵化建设

2018年5月，国务院办公厅政府信息与政务公开办公室发布《关于进一步做好政务新媒体工作的通知》，明确要求政务新媒体要集中力量做优做强一个主要的账号，并且争取建立上下联动、整体发声的新矩阵。这是自2013年政务矩阵出现以来，首次从国家层面提出构建政务矩阵的重要性。经过5年的发展，微博矩阵化发展已经建构起较好的基础，并且在使用过程中越来越通畅，涌现出很多运营成熟的政务微博矩阵，在沟通社会、服务民众、联系群众、化解社会矛盾和冲突、维护人民利益等方面发挥着重要作用。政务微博矩阵还有很多进一步建设、发展和完善的空间，需要进一步完善矩阵构建、强化矩阵组织管理、整体提高矩阵效能和影响力。这可以从以下三方面展开。

（一）加强纵向矩阵建设，主要是在行业内部上下级之间组成多级垂直矩阵，通过共同策划某个主题，发出巨大传播声音，达到扩大宣传的效果，更好发挥部门职能的作用。

目前来看，这种类型的矩阵在中央机构、公安、团委、司法等部门的政务微博中建设得比较成熟。推进纵向矩阵建设，需要做到以下两点。一是自上而下的统一布局，上级单位高度重视矩阵建设，对下属单位的政务微博作出统一的要求，统一调配和协调。从地区上看，各地各系统正在投入建立舆情与新媒体工作机制，在重大宣传时联合互推，扩大影响力。二是政务微博和政务微信等打通、协作使用，充分发挥各种政务新媒体的作用。比如，安徽省搭建了以"安徽省人民政府发布"为龙头的全省范围的政务微博和微信矩阵，这个矩阵囊括了安徽省各市、县两级政府，并且打通了微博和微信，矩阵影响面广、反应灵敏、响应迅速，值得其他省市部门学习。再比如，"@成都服务"是四川省成都市人民政府政务服务中心官方微博。它组建于2013年，是一个规模庞大的矩阵，囊括了市、县、乡、村四级，覆盖面极广，信息触角达到了最基层的村级。可以说，这个矩阵的建立使政府网络机构实现了扁平化，最基层的信息可以直达省政府，省政府也可以直接了解民情，有利于党政机关和群众的直接沟通，拉近了民心。

对基层微博来讲，矩阵模式可以推动其实现向上向下的贯通，更好地整合资源、发挥作用。在建设县域融媒体的大潮中，县级账号一方面可以借助微博的开放性，向上与中央相关职能部门微博、省市微博实现互联互通，"走出去"多争取亮相机会；另一方面，充分利用微博的连通性，向内与县、乡、村微信公众号等平台实现互通，发挥矩阵的聚合优势，强化传播效应。只有这样才能切实提高群众认同度，它们才能增强传播效益，县域融媒体才能"融"出质量、"融"出品位。

（二）组建多职能、多层级、跨区域矩阵。这是一种纵向和横向结合的矩阵，既有同一组织内部上下级之间的联动，也有不同职能部门为了完成同一件事相关职能结合的左右联合。这一般是在遇到重大事件或者公共突发事件时，为了调动相关的一切资源，相关部门上下、左右大联合，共同行动。这种矩阵模式已经在很多场合下被启动使用。比如，党的十九大期间，为保障开会期间的生态环境，"环保部发布""中国气象局""国资小新""健康中国"等各部委官微与系统内各层级官微、其他行业官微、媒体、企业进行全方位、立体化的联动，全行业共同出动，从多个角度报道十九大盛况。

这种矩阵最大的优点就是它不必局限于一省一市，也不必局限于一个行业一个系统，可以打通多个城市、多个省份，可以打通政府与媒体。比如，"四川发布"发起"长江经济带"新媒体大联动，以走出四川联动全国的大视野，在沿线11家省市政务新媒体上就四川经济、长江上游生态保护等内容"合唱"发声，覆盖网友超过1亿，被网友称赞"有气魄、大视野"。又如，在2018年6月5日世界环境日时，"生态环境部"发起了#六五环境日#、#美丽中国我是行动者#等话题，相关部门如"环保北京""重庆生态环境""上海环境""武汉环保"等积极回应，策划了多个线上线下活动。这个过程中，共332个相关环保微博参与这次活动，发表博文3878篇，内容涉及环保科普、活动宣传、与网友交流互动等，效果非常理想。当然，这样的大打通、大联合的案例还比较少，充分发挥微博矩阵的优势，在政务活动中充分发挥其作用，是党和政府下一步努力的重点方向。

（三）组建日常社会治理矩阵。这可以作为一种常态化运营模式，针对网民日常出现和求助的问题，回应质疑、响应需求、解决问题。党和政府通过矩阵将一系列相关工作如举报、执法、宣传、督办、转办等在微博上开展，使工作流程更公开透明、更流畅高效。

在这个模式下，党和政府要充分发挥矩阵"联合舰队"的集群优势，需要进行科学、系统、完善的设计，建立：（1）矩阵组织管理体系；（2）矩阵协同联动体系；（3）矩阵督导服务体系；（4）矩阵绩效管理体系。党和政府建立切实可行的制度，以规范性文件作为保障，用制度化、规范化确保矩阵的长远、健康发展。目前来看，很多矩阵微博已经逐渐发展、完善起来，并发挥重要的作用。这样的案例很多，比如，"问政银川"是矩阵微博里面表现非常亮眼的"明星"，它的矩阵由513个政务微博组成，联动协作，服务本地百姓，得到了当地民众极高的评价和极大的信赖；"天津交警"组建微博矩阵，形成以"天津交警"为中心，各交警支、大队微博联动的警务管理新模式；等等。

事件发生地的微博通过与上级微博建立联系，共同应对和解决问题，速度快、效率高、沟通畅，这是各级党委政府机关在运用微博矩阵优势实现微博组织化、机制化、常态化参与社会治理的最高境界。这种矩阵模式能够优化政府工作流程，打破部门之间、层级之间的壁垒，整合纵横资源，降低成本并提高效率。它能够化解舆论风险，预防网络舆情危机，把问题尽快解决，把风险尽量消减，在面对舆情的时候，把源头治理和末端处理结合起来，既治标又治本，提高了政府的执政韧性和张力。只有这样的矩阵，才能真正发挥协同治理作用，才能真正为人民办实事、高效率办事，才能赢得人民的支持和认可。

二、多政联动——与其他政务新媒体共同推进执政方式创新

网络技术的发展日新月异，新的网络平台层出不穷。目前来看，主要的政务新媒体平台包括政务微博、政务微信、政务抖音等。目前，这几种政务新媒体各自发挥自己的优势，实现了"多政联动，协同发展"。

（一）双微联动，共同发力

政务微信是政务新媒体中的一匹黑马，是继政务微博之后的又一个政府政务服务的新阵地。随着手机的普及，政务服务从PC端向手机端转移，主要依托手机应用的微信得到了广泛的认可。2013年，政务微

信崛起,2014 年以政务微博和政务微信互联互动为主要形式的政务新媒体进入了"政务双微"时代。2014 年 9 月 10 日,国家互联网信息办发文强调"区分政务公众账号与政务微博的功能定位,实施'双微'联动、协同发展"。① 据新浪微博平台的数据统计,到 2018 年底,全国政务微博数量是接近 18 万个;《2018 微信公众平台政务、媒体类账号发展报告》显示 2018 年平均每个微信用户关注 2.3 个政务号,政务及媒体类公众号粉丝总量达到 35 亿。在过去三年里,微信城市服务平台作为各级政府政务改革创新的载体,发展非常迅速。截至 2017 年底,微信城市服务平台累计服务全国 362 个城市的 4.17 亿名用户,覆盖全国 85.98% 的在线政务服务用户。② 政务微博和政务微信是政务新媒体的两大主力,而且各有优势,特点不同,所以在政务服务的应用中,它们可以实现协同合作、互联互动,发挥各自优势,提高政务服务的效能。

具体来看,一是实现双微的渠道互融互通。我国通过打通政务微博和政务微信两个平台,达到它们互为宣传平台和信息互通、资源共享的效果。开通政务微博和政务微信的党政机关可以在微博页面宣传政务微信,在微信平台的菜单设置中设置政务微博的链接界面和窗口,如"北京微博微信发布厅"开通后,在微信中设置微博栏目,网友通过"新闻发言人"板块可浏览全市新闻发言人的微博动态。二是推进政务双微功能的协同。政务微博和政务微信具有不同的传播特性,所以二者的功能定位也有差异。相较于政务微信,政务微博最大的特性之一就是其开放性,有人将其比喻为永不落幕的新闻发布厅。在这里,信息可以

---

① 张志安,曹艳辉. 政务微博和政务微信:传承与协同 [J]. 新闻写作,2014 (12):57-60.
② 重磅发布 | 2018 中国"互联网+"指数报告:中国数字经济版图初现 [EB/OL]. 搜狐网,2018-04-18.

最快速度、最大覆盖面地发布传播出去,政务微博是民意表达的大广场,在新闻发布、舆情监测、危机预测沟通等方面具有不可替代的优势。当社会危机事件和突发事件发生后,政务微博是信息报道、正本清源、安抚民众情绪的主渠道,是新闻发布的"主战场"。相较于政务微博,政务微信的特性是"私密性"和"功能性服务",可以与政务微博形成互补。政务微信是一个相对私密的平台,且传播更加精准。通过关注政务微信号,网民可以获得精准、权威的第一手信息,进而打造零距离的官民互动效应。据不完全统计,全国开设政务微信超过8.3万个,中央部委开设的微信公众号拥有率达到了40%以上,"党中央机构"类公众号虽然占比仅有8%,但微信传播指数很高,影响力很大。全国除台湾外的省、自治区、直辖市,各级党政机关都开通了政务微信公众号,县乡级公众号的数量占比达到了50%以上,可见各级政府的微信公众号应用体系已经基本形成。在行业领域方面,政务微信覆盖了公安、医疗、党政等50多个不同的领域,在传达政务理念、实现政务服务方面作用突出。党政机关着重通过"为民服务"来增进百姓对党和政府的情感信任。比如,"在提供政务服务方面,借助微信支付,政务微信可充分打通支付渠道,为百姓提供水费、电费、燃气费等公共事业缴费或缴纳违章罚款等便民服务"。①

(二)利用政务新媒体的新锐力量——政务抖音提升网络影响力

抖音短视频自上线以来便受到网民的热捧,短视频这种传播方式尤其受到年轻人欢迎。抖音官方数据显示,截至2018年6月,抖音在国内的日活跃用户突破1.5亿,月活跃用户超过3亿。作为当下极具人气

---

① 肖博. 政府信息公开视角下的政务双微比较研究 [D]. 武汉:华中师范大学,2017.

的短视频平台，抖音也吸引大量政务机构入驻。据第三方机构统计，截至2018年9月，政务类抖音账号超2500个，涵盖了旅游、公安、法院、地方政务、文化等领域。党政机关快速进入政务抖音平台中，利用短视频，在传播社会正能量的同时，拉近与民众的距离，受到网友追捧。

一是融合热门音乐创造"爆款"，积极传递亲民形象。政务机构开设的政务抖音号，一改严肃刻板的形象，积极结合抖音平台流行、受欢迎的视频表现手法，融入与传播内容相契合的音乐、舞蹈等形式，使政务内容满足年轻人的需求，塑造"接地气"的形象。比如，北京市公安局反恐特警总队的抖音账号"北京SWAT"发布的第一条视频，结合最受年轻人欢迎的"吃鸡"游戏音乐，展示特警队员实战演习等训练内容，使观看者犹如身临真实枪战游戏。有网友表示，"这才是这首歌的正确打开方式"，目前该视频播放量过亿，点赞数已超881.9万，评论数超18.3万。二是大力打造系列短视频，持续传播社会正能量。官方政务机构入驻抖音以来，短视频作品"爆款"频出，但"爆款"过后如何持续保持高质量的视频输出是个难题。有些政务号对此进行了相关探索，在当前内容传播中，它们把短视频与自身职能相结合，打造精品视频，或者与第三方视频制作单位合作，实现自身内容优势与第三方技术优势的结合，视频不追求多而追求精，持续性输出优质内容，能增加用户黏性。三是线上传播助力线下工作，创造性开展政务工作。部分政务抖音号在日常宣传基础上探索出新的做法，借助抖音强大的流量，推进实体工作的开展。在全国法院"决胜基本解决执行难"如火如荼之际，南宁市兴宁区人民法院通过官方抖音号发布悬赏10名失信被执行人，抖音视频形象立体地公布了失信被执行人的身份情况、案件概要、执行悬赏金额、悬赏专线等信息,一经发布就受到极大关注。视频悬赏发布不久,即取得了立竿见影的效果,被执行人周某看到自己的悬赏信息在抖音上被播放,主动到法院配合执行。随后,法院将周某配合执行的过程拍摄成抖音视频再次上传,《人民日报》、中央电视台等主流媒体纷纷关注报道,不少网友也点赞"物尽其用传播司法正能量"。综合来看,各类政务机构自入驻抖音以来,在传播社会正能量方面取得了不俗成绩,对代表官方形象的政务号来说,它们如何借助抖音这一新兴媒介提升在网络上的影响力,值得思考和关注。

第四节 构建系统完备的制度规范体系

政党影响力问题,也就是增强党执政的公信力、回应力和供给力的问题。当然,这些能力不只是在网络世界需要具备的,不管在网上还是网下,执政党都需要具备这样的能力。网上执政力和现实社会的执政力是相互影响、相互补充、互为保障的。增强实体社会党的组织能力可以提高党在网络上的驾驭能力,增强党在网上的驾驭能力也可以进一步巩固党在实体社会的影响力。微博问政蓬勃推进的这几年,以微博为代表的社交媒体显现出来的强大力量早已经充分说明了民众对参与政治、发出自己声音和诉求的渴望,也显示了民众对政务公开和透明的要求。顺应这种要求,党和政府提高政治的开放度和透明度,信息越开放、民众的参与度越高,那么最终来讲,政治的合法性程度越高,党的影响力越高,这是一个不容否认的事实。执政的中国共产党应该充分认清这一形势,随着网络信息技术和网络社会的发展,以与时俱进、越挫越勇的姿态掌握网上执政的主动权,提高党的网络执政力和影响力。

要达到这一目的,长远来看,党和政府需要推动微博问政的制度化和规范化,用制度和规范来保障微博问政的良性、健康发展。因为,微博在本质上仍然只是一种技术,微博问政则是这种现代信息技术之于公共目的的应用,"单凭因特网是无法将公众和政府机构连接起来的"[①]。作为网络时代公众参与的重要形式,作为党推动执政方式创新的重要载体和抓手,微博问政的价值真正得到彰显,微博问政沿着健康的道路持续发展下去,推动并保障其日常化、规范化、制度化,这是根本。以法律和制度来规范微博问政,发挥其优势,弱化其消极影响,是无奈之下的最佳选择。党和政府必须在日常工作中积极利用微博、微信等新技术,接受新事物,倾听网民的声音,并对网民和群众关心的问题作出积极的回应,从而不断塑造良好的党和政府的形象,也不断增强自身在群众中的公信力,赢得群众的支持。党和政府逐步探索和建立一套微博问政的长效机制,具体可以从以下五方面着手展开。

一、建立渐进发展制度

"微博问政"的推进发展要根据各地、各行业领域等的客观实际情况,逐层推进、渐进式发展,不搞"一刀切""一窝蜂"。具体来看,我们应该从以下三方面来理解。一是微博问政的推进与本地的经济水平和信息技术整体发展水平相适应,不可急于求成。正如前面所述,我国各地经济发展非常不平衡,网络信息技术的发展也大相径庭,在一些经济水平落后偏远的地区,微博问政的基本条件并不具备,老百姓的电

---

① 芳汀.构建虚拟政府:信息技术与制度创新[M].邵国松,译.北京:中国人民大学出版社,2004:52.

脑、手机普及率低，对网络的认识和掌握能力更低，不存在微博问政的物质和群众基础，我国不可过分依赖政务微博，还是应该在线下扎扎实实地与民沟通、了解民情。二是不同行业和部门之间因工作性质和职能不同，对政务微博的利用程度有高低差别，这是正常的。微博问政现在应用最多、发展最快、群众基础最广，使用最火热的往往都是与群众生活关系最密切的领域，如公检法系统、具有综合性职能的网络服务问政大厅等。政务微博因其快速性、即时性，可以实现信息公开和服务，但是有些部门和行业不适合大面积推广微博问政。比如，国家安全部门、军事部门等涉密性较强的部门，政务微博的开设数往往较少，这种情况可以在内部利用微博的特性，在合理合法的范围内有效、有序地利用微博问政。三是要在已经具备的网络问政基础上逐步推进。比如，有的党政部门网站都还没有推广，微博和微信问政更是难上加难，从硬件到软件都不具备条件，在这种情况下不要盲目跟风，否则只能欲速则不达，且导致资源浪费。

二、微博问政沟通制度

微博发言人制度、在线交流机制、表达自由制度、信息收集机制、微博参与机制、网民信息反馈机制、信息应对机制等，是推进微博问政真正高效、长久运行，切实保障党和政府问政于民、问需于民、问计于民与网民问事于政府相结合的制度。

其一，建立完善微博发言人制度。要认真建立微博发言人队伍，发言人要具备较高的素养。同时，不断提升党员干部的网络素养，要不断提升党员干部认识、利用、驾驭和应对网络的能力，使之了解微博运营和传播的规律，了解微博发展的趋势，提高其网络舆情的预判能力和应对能力。要推动领导干部微博问政常态化，领导干部要经常上网了解网络舆情，有效与网民交流，经常办理网络服务事件，等等。只有在不断与网民交流的过程中，党和政府才能保持与网民同呼吸同进步同成长，才能始终不脱离群众、不恐惧现代信息技术的使用，才能始终保持网络"在场"，提升自身的网络综合素质，提升运用政务新媒体的自觉性和熟练度。

其二，建立健全高效全面的信息公开制度。信息公开是网民获取网络资源的第一步，也是党政机关建立电子政府的第一步。推动"互联网+政务服务"，党政机关首先需要做到的就是政务公开。党和领导借助政务大数据平台能够把涉及政务服务的证件数据、相关证明信息数据化和集成化，不断完善和优化政务信息资源目录与政务服务信息系统，统筹建立人口、法人、空间地理、电子证照、社会信用等基础信息库和业务信息库。随着全面、完善的政务信息公开制度建立，政府搭建起数据共享的平台，通过"一网式"服务模式，破除"数据壁垒"，跨地域、跨行业、跨部门、跨层级实现信息共享和资源的整合，解决群众最常见的疑惑——"找谁办""去哪办""怎么办"，更好地满足群众个性化、定制化以及多样化的公共服务需求。①

其三，搭建更加顺畅友好的公民参与平台。微博问政要长期发挥作用，必须能够留住"粉丝"，增加网民对政务微博平台的黏性，这就需要从网民的立场和角度出发，构建更加友好畅通的公民参与平台。微博问政从政务微博版块模板设计到微博话题的发起，到网民的提问回答版块等，从顶层设计到具体技术层面不断挖掘、丰富，延伸网民的参与领

---

① 陈潭，邓伟. 大数据驱动"互联网+政务服务"模式创新[J]. 中国行政管理，2016（7）：7-8.

域，拓宽网民的参与渠道，使网民的政治参与从广度到深度不断深化和推进。党和政府同时也要不断建立健全网民权益维护机制，使网民能够利用政务微博表达自身诉求、协调各种利益矛盾，并且能够保障自身权益，只有这样，网民才能始终信赖和依靠这一渠道和途径。

其四，建立法律范畴内畅所欲言的自由表达保障制度。微博问政的良性运转需要双方共同发力，对网民一方，要为政治决策贡献智慧、为自己的权益进行维护，必须有法制范畴内发言的自由，没有这个保障，一切都无从谈起。在实际的政治实践中，我们看到很多政务微博恐惧来自民众的不同意见和声音，频频出现关闭微博评论功能，或者随便删帖，删除与屏蔽一些特定的评价，只保留有利于自身的微博评论，等等。这些做法都会极大降低网民的积极性和对微博的信任度，消耗了党政机关的公信力和影响力。当然，这种自由是在法律许可范围内的自由，不是毫无边界、想说什么就说什么，因为网络不是法外之地，必须界定表达自由的限度，就是"以不破坏社会政治秩序为基础"①。

其五，建立微博环境立体净化机制。网络谣言扰乱社会秩序、影响公众价值观、挑战党和政府公信力，这已成为当今社会亟待解决的顽疾。微博生态的好坏，会决定微博能不能走得更长远。很长一段时间，微博因为监管不力，微博生态比较糟糕，各种谣言、攻击性言论满天飞，导致微博乌烟瘴气，长此以往，网民会选择离开这个平台，尤其是在当下各种新媒体平台辈出的情况之下，所以加强对微博环境的净化和引导管理非常重要。我们要建立一个多元共管的微博环境净化制度，需要多方共同努力，进而营造一个风清气朗的微博环境。以新浪网、腾讯

---

① 黎福羽. "微博问政"的发展对策 [J]. 领导科学，2010 (23)：25-26.

网为主的微博平台要加强监控和管理，对微博运营商要加强管理考核和评价，政务微博的管理运营主体要提高网络监管水平，要引导广大网民增强自律意识和网络守法意识等，确保微博问政在一个良性健康的氛围内推进。

三、建立公开透明的民主决策机制

充分收集来自民众的信息，在政府决策的时候为决策提供重要依据，贡献网民的智慧，这是微博问政的重要内容之一。党和政府为此至少应该从以下三方面着手。其一，常规性收集民意民情，可以通过大数据技术对网络信息进行收集和全方位监测、正确研判与到位的引导，构建起主动的微博民意征集引导机制。其二，建立与网民常态化交流互动制度。常态化了解和收集网民意见，建立信息收集、分类和分析机制。对重大的政治议题，跟踪收集网民的动态信息。通过对网民动态化信息和碎片化信息的分析解读，分析舆论走势和网民的主要状况，为决策的调整和执行提供依据。其三，建立信息反馈制度，凭借有效的反馈机制，可以对政务微博信息传播方式进行合理的控制、调整和改进，提高主导价值观与主流价值观融合互动的效率。

四、完善微博问政的评价考核制度

对参与主体进行评价考核是很重要的，没有科学的评价和考核制度，微博问政就没有不断完善、发展的外在压力和内在动力。其一，加强对党政机关领导干部微博问政的考核。要把他们在问政过程中的表现，他们驾驭和运用微博的能力纳入考核体系中，尤其要把网民对其服务的满意程度作为重要的考核指标。其二，完善对政务微博工作人员的考核，评估其运营能力和专业性，将其与网友的互动能力和处理问题的能力纳入考核体系中。其三，建立微博问政奖惩机制。对互动力、传播力、服务力和认同度高的政务微博，要给予奖励；对微博运营不善、互动力弱、服务性差和认同度低的微博，要给予引导和管理；对利用微博危害公众利益的行为，要坚决制止和处罚。其四，建立分类考评体制。根据政务微博职能不同，制定不同的评价指标。有的部门侧重其服务力、互动力，有的部分侧重其传播力，等等。其五，评价体系中还应考虑政务微博利用多种手段的能力。比如，考核视频指数，鼓励政务微博多使用视频、直播等新型传播方式。

随着"互联网+政务"的不断推进，政务新媒体的建设、管理、考核等方面，制度日益完善，对政务微博的发展、运营、互动和回应时间、用语等规定越来越明确、细致。比如，在开设要求上，南京市鼓楼区要求：区里119个社区全部开通微博，每季度都要对区内的政务微博进行评分，前60名给予表扬和一定的流量补贴。在发布数量上，"四川发布"规定每天要发25条；在发布时间上，安徽省要求"对涉及本地区本部门的重大政策信息、重要政务舆情以及重大突发事件等，省政府微博微信要及时发布，各市、县政府及省政府各部门政务微博力争1小时内转载"。在与民互动上，"重庆轨道交通集团"对网民的留言实行值班式回复，工作日8小时内由值班员回复，8小时外由热线人员值班，且对解决问题做出了时间限制，小问题立刻解决，困难的则在5天内解决。在本地考核管理上，南京市网信办每月都会编写政务微博运营报告，集合优秀案例供本市相关人员阅读，有些地方则直接将政务新媒体的运营作为领导年度考核的一项。这些都不是个案，本地《政务新媒体建设办法》《政务微博发布要求》《政务新媒体考核机制》等制度文件已越来越多地出现在地方政务微博工作人员办公台上。

五、建立健全网上网下对接制度

网络世界和现实世界是紧密联系、互相影响的，实现网上和网下的对接非常重要。党和政府切实采取制度化的措施将虚拟的网络世界与现实社会有机对接，尤其是在面临网络舆情危机的时候，快速收集和了解网民的真实诉求、意愿，督促相关部门在实际生活中解决广大网民在微博上反映的最关心、最棘手的利益问题。我国要防止出现微博问政只是在网络上回应、打官腔、互相扯皮、敷衍了事，而在线下不能跟进、不能落实、承诺不能兑现的问题。人民的知情权、参与权、表达权和监督权，需要得到真正的保障和落实，需要在线上和线下同样尊重、同等重视、互相配合、协力推进。我国要防止出现用网络问政代替实体党群交流、用线上的"键对键"取代线下的"面对面"的做法。网络问政只是一种利用现代信息技术的沟通方式，它有优点也有局限性，更多的工作还是应该在线下展开。我们要注意将党群沟通的传统优势与现代的互联网技术结合起来，筑牢线上线下两大阵地，用线上问政支持线下活动，用线上活动促进线下管理，实现线上线下统筹推进、良性互动。当然，这对执政党的执政理念的转变、执政方式的创新、执政资源的运用都提出了更高的要求，需要全力落实。只有这样，我们才能保证微博问政的健康长期运行，才能真正用完善的规章制度来为微博问政保驾护航。

微博只是一个网络平台和工具，微博问政也只是民主参与的一种形式，其目的是充分汲取民众的智慧为决策提供依据，是为了充分发动民众的力量监督政府工作推进民主进程，是为了妥善解决民众的问题服务民众，是为了更好地与民众沟通，始终与民众共呼吸。在微博问政的过程中，党政机关要注重制度建设，规范政务微博的发展和微博问政的进程，实现民众"问事于政府"与党政机关"问计于人民"的有机统一，实现党和政府"替人民做主"到"依靠人民做主"的转变，推进微博问政的规范化、常态化，真正建立包括微博问政在内的网络问政的长效机制。

第五节 建立多方联动的协同推进机制

微博问政是一场对话和交流，只有在问政双方有问有答的过程中，才能实现有效的沟通和理解，也才能共同营造一个民主、开放、包容和相互接纳的网络环境。这需要问政双方共同提高媒介素养，这种素养包括双方利用网络技术的能力、网民理性发表言论的能力、政务机构有序引导网民的能力等。其中，网民素养是决定微博问政效果的重要方面。执政党和政府的角色更具有主导性，因为他们掌握着公权力，掌握更多的信息和资源，能够引导、主导、领导微博问政的过程，促进执政党和公民之间良性的沟通和交流。同时，政务微博平台的构建也非常重要。

一、引导和管理网民理性、有序利用政务新媒体

如前所述，因为微博、微信等新媒体的低门槛、低成本、开放性，网民利用这些新媒体发表意见、看法、言论非常容易。8亿多名网民共同在网上营造了一个网络生态，这个网络社会的文明化、有序化，以及网络问政的科学化、民主化和法治化，在很大程度上依赖网民这个群体

的表现。微博问政的过程中出现大量的民众的参与失控、无序现象,以及由此引起的网络暴力、多数人的民意的被伪造和操控,这让我们对网络舆论充满担心,让我们深刻意识到引导网民理性、有序、法治化运用网络和政务新媒体非常重要。

(一)加强网民的网络素养培养

很多网民没有意识到,网络上要坚持网德并遵守法制,就像在现实社会中要讲究社会公德并遵守法律是一样的道理。网络社会对整个国家来讲,不过才兴起了20年左右,一切都在探索之中,网络社会的法治化和网络公共道德需要时间建立起来。对大多数网民来讲,网络是一个相对新鲜的事物,尤其是大多数平台是匿名制发言的,更加重了这种网络道德的沦陷和网络秩序的失序。因此,一是需要对网民加强网络法治教育、道德教育,让网民知道在网络社会中应该遵守的法治和道德,知道网络不是法外之地,如果利用网络做出违反法律和道德的事情,同样是要受到惩罚的。二是加强理论知识教育和普及,教会网民如何利用网络,如何利用各类社交媒体,如何利用政务新媒体参政议政,如何使用政府网站、政府客户端等获得自己想要的信息和服务,等等。

(二)党和政府要积极加强对网民的引导和管理

对正面行为和正面言论,要积极鼓励;对负面言论、非理性的表达甚至网络攻击行为,要坚决制止和治理。对大多数网民,国家要主动、积极地进行引导和管理,使他们增强网络自律意识和判断能力,了解并遵循网络社会的法则。同时,党和政府也可以利用微博大数据技术,对网民的诉求和倾向提前做出判断,建立科学的舆情研判体系,当网民高度关注的事件出现并可能形成舆情的时候,提前疏导网民情绪,及时发布准确权威的信息,以最快的速度辟谣、消除误解,使网络舆情消失在萌芽状态中，使不良因素消弭在严重化之前，未雨绸缪，积极应对，促进社会的稳定和谐。党和政府要明确网站和相关部门的监督责任，对网民不负责任的言论，要求相关部门必须负起责任，坚决打击不法分子或者心怀不端的人利用微博推波助澜制造事端，坚决打击网上一些所谓的公共知识分子或少数所谓的大V以各种说辞污蔑党和国家的行为，坚决打击各种历史虚无主义和文化虚无主义的言论。党和政府要尽最大努力维护微博问政的健康良性发展。

网络谣言的危害严重，不利于正常网络生态的构建和党和政府正面形象的树立。治理网络谣言、净化舆论环境、共建健康的网络生态非常重要，关系到网络社会的健康发展。对不实信息的治理一直是微博社区工作的重中之重。2018年年初，微博上线了媒体辟谣平台，10月该平台进行了优化升级，并正式更名为"媒体政务辟谣共治平台"。有公信力的重点媒体账号共1638个，公安、网警以及发布类共1322个，有辟谣能力的政务账号都开通了辟谣功能权限。受邀政务账号可通过PC端微博投诉窗口的辟谣专用入口"我要辟谣"进入媒体政务辟谣共治平台。政务账号通过辟谣平台将特定微博标记为谣言，并同步发出一条辟谣信息，网友可通过辟谣信息直接跳转至被标记的谣言内容，对相关谣言和辟谣信息进行查阅，从而更好地了解真相。党和政府依靠政务新媒体治理网络谣言，不仅能够及时净化舆论环境，还能够有效提高政务新媒体的自身影响力。政务微博账号的作用也从单纯的辟谣发展为全面参与网络生态的共建与治理。这标志着政务微博参与治理网络谣言的深度和广度都步入了一个新阶段。

二、培养党政机构高效、科学利用政务新媒体的能力

在微博问政的过程中,相较于网民一方,党政机构是处于主动地位、应该主动作为的一方。中国人民大学喻国明教授指出,政府与网民沟通,如果彼此产生不理解,那么政府是矛盾的主要方面。因为,政府掌握着大量的资源、信息,是掌握主动权的一方,应该主动去缓解官民之间的紧张关系。所以,党政机构需要提高解码网民和网络世界的能力,党政机构媒介素养和能力的高低直接决定着微博问政效果的好坏,决定着党的网络治理是否高效,决定着党的网络执政能力的高低。

(一)提升党政干部媒介素养,提高其利用和驾驭网络的能力

所谓的媒介素养,主要是指认识大众传媒和运用大众传媒进行交流的选择能力、理解能力、质疑能力、评估能力、创造能力,以及思辨反应能力。对领导干部来讲,他们要在互联网社会做好本职工作,首先必须具备一定的媒介素养。如何提高其媒介素养,如何提高领导干部驾驭网络的能力,我们需要从以下几个方面展开。

首先要打造一支专门的、专业的政务微博运营团队,并进行全面的、有针对性的培训,提高其专业水准。目前来看,政务微博运营人员构成情况各不相同,重视程度和人员配备水准参差不齐,有些单位人手不够甚至采用专职和兼职轮岗的形式,在数量和质量方面都无法满足网络日常运营和问政的需求。因此,政务机构必须对政务微博运营人员进行专业化、全方位的培训,使其能够尽快了解网络社会、适应网络社会,最终在网络世界如鱼得水、游刃有余。

对党政干部的网络素养培训,政务机构可以从以下几方面着手:第一,培训其政策理论水平和政治的灵敏性;第二,培训其具有较高的全

局观和大局意识，富有社会责任感；第三，培训其了解微博、微信和客户端等的新媒体特性及传播规律，具有舆情研判能力；第四，培训其分析和应对网络舆情的能力以及文字表达能力；第五，培训其沟通能力和团队合作意识；第六，培训其亲和力和适度幽默感，在与网民互动的过程中拉近与网民的距离。党和政府通过人才选拔和培训，打造一支训练有素、懂业务、懂互联网、以用户为中心的创新、高效的团队，掌握一套切实可行、服务民生的运营方法论，进而提高政府公职人员的媒体应对能力，提升政府网络舆情的引导、防范和管控能力。这样才能最大限度发挥政务新媒体的核心价值：倾听来自群众的声音，平等地与群众对话、真诚为民服务。

（二）有效利用新媒体，开展信息公开工作

微博是一个网络谣言的集散地，各种原因导致的网络谣言满天飞，尤其是在召开两会、重大人事变动或者面临重大危机事件的时候，微博上各种政治传言会快速传播。这些传言往往能够引起网民的极高关注度，通过微博的转发、分享功能在极短的时间内实现炸裂式蔓延，对党和政府的形象造成极恶劣的影响。党和政府应对这种谣言最好的办法就是及时公开相关的党务政务信息，正面积极面对，以正视听。谣言止于公开。

例如，2018年8月5日，一篇关于"河南考生高考答题卡疑被调包"的文章在网上疯传，引发激烈讨论。8月6日，河南省教育厅官方微博"河南教育"通过微博头条文章对情况做出说明，告知网友纪检监察机关正在依法依规进行调查，河南省教育厅表示将及时公布调查结果，并愿意接受监督，维护高考公平公正。文章收获720万阅读量，评论数、点赞数接近2万。相关部门虽然没能在第一时间消除质疑、平息舆论，但官微的及时发声稳定了人心，为调查工作争取了时间，稳定了网络舆论状态。8月11日，"河南教育"通报调查结果，对媒体与公众关注的疑点，如四名考生的答题卡所经历的押运、封箱、扫描等环节，以及答题卡笔迹、个人信息涂改行为的主体等，分别做了详尽的说明，确认高考试卷均系考生本人所答，不存在调包答题卡、他人模仿笔迹作答以及招考干部滥用职权组织作弊等行为。微博阅读量达1010万，点赞数2.8万。观察两条微博下方的评论，我们可以发现，详尽的调查结果通报使指向官方的舆论由事件伊始的质疑、愤怒，变成了肯定与拥护。值得一提的是，在跟此事相关的两条微博之间，"河南教育"还发布了40余条微博，涉及家庭教育、安全知识、识别诈骗、抵制邪教等多个主题，虽然这些微博下面的评论多是对"答题卡调包"案的愤怒和指责，但"河南教育"仍然坚持做好本职工作，体现了在质疑声中不乱方寸、恪尽职守的难得品质。我们假设"河南教育"没有尽快做出官方信息说明，控制住了舆论，那么高考诚信、公平的底线一旦被击破，社会或许将经历由此引发的不安和焦虑所带来的动荡。

总之，微博问政推进和利用的效果如何，在很大程度上取决于官方的主动性、积极性和规范性，所以花时间对政务微博运营主体和官员进行思想观念上、技术手段上、应对策略上、事后反馈等方面的培训和了解是非常重要的。这样使其了解政务微博的传播规律，尤其了解网络舆情的研判和应对规律，推动微博问政的发展既能够满足公众需求，又能够体现官方立场，最终实现双赢，在一次次官民的互动交流沟通中实现互相的信任和倚重。

三、打造优质的政务微博平台,为微博问政做好保障

(一)充分挖掘利用大数据技术①,为微博问政提供技术保障

在互联网时代,数据信息是一项非常重要和关键的核心资源。尤其对微博问政来讲,党和政府利用大数据技术,充分搜集、整理、归纳微博上网民的诉求和网络热点,更好地了解民情民意、汇聚民智,进而可以为问政平台的发展和功能优化带来新的机会。

大数据可以更全面准确地了解网民诉求进而更好地为网民提供服务。如前面所述,网民个人的诉求浩如烟海,对党政机关来讲,上千万、上百万的粉丝量,每天一对一的互动是不现实的,难度很大。所以,对党政机关来讲,获得网民的整体信息,了解具有普遍性、典型性、整体性的诉求意义更大,而且更具有可行性。大数据技术能够达到这一目的,通过统计网民包括年龄、学历、经济状况、居住地、政治倾向等在内的信息,可以让党政机关随时了解网民的普遍诉求并做出调整来更好地为网民服务。比如:1. 微博设计的界面设计,是不是对网民友好?是不是科学、好用?用户在哪些版块使用上更轻松,哪些版块用起来很困难?2. 问政流程方面,如何为用户提供更加友好便捷的问题

---

① 2013 年,被称为"大数据元年"。关于大数据的界定,学界目前尚存在不同的说法。英国学者维克托·迈尔-舍恩伯格被《科学》杂志称为"关于大数据问题的讨论最好的发起者",在其与肯尼思·库克耶合作的《大数据时代》(*Big Data*)一书中说:"大数据并非一个确切的概念。最初,这个概念是指需要处理的信息量过大,已经超出了一般电脑在处理数据时所能使用的内存量,因此工程师们必须改进处理数据的工具。这导致了新的处理技术的诞生,如谷歌的 Map Reduce 和开源 Hadoop 平台(最初源于雅虎)。……今天,一种可能的方式是,亦是本书采取的方式,认为大数据是人们在大规模数据的基础上可以做到的事情,而这些事情在小规模数据的基础上是无法完成的。大数据是人们获得新的认知、创造新的价值的源泉;大数据还是改变市场、组织机构,以及政府和公民关系的方法。"

解决方式，充分挖掘微博问政的参与潜能？3. 网民心理。网民最关心的是什么问题？网民主要的诉求是什么？如何解决最能贴近民意？4. 从网络舆情的研判角度看，什么情况下网络舆情会进一步严重，导致舆情危机？等等。因此，从理论上讲，微博可以作为常规的政府"调研"平台和了解民意的窗口，可以快速解决调研数据不充分的问题，从样本选取上实现大样本数据调研，更全面、更权威。

大数据技术可以预测网络舆情，为政务部门做好舆情研判提供全面可靠的依据，增强其舆情分析能力和危机处理能力。维克托·迈尔-舍恩伯格（Viktor Mayer-Schonberger）说："数字化记忆可能还能提高政府在个人和社会层面决策的准确性。当个人申请某项政府服务时，全面的数字化记忆也许可以让政府机关做出更准确的决策。在社会层面上，这些易于获得的数字化记忆有助于预测一般趋势和社会发展，使政策制定者在问题失控前可以调整政策。"① 具体来说，这段话的意思就是指在网络热点事件发展成舆情危机事件期间，相关部门通过相关数据了解到网络的"风向"，在最短的时间内做出判断并迅速提出应对方案，在事件进一步扩大和发酵之前就及时处理、疏导和应对，不要等到"火山爆发"以后才去做灭火员，而是提前分析判断和预测，增强预警分析能力。所以，对网络上的网络舆情发展趋势作出准确的判断和预测并做出应对方案，这项能力对党政官员非常重要。

充分利用大数据技术打造微博问政平台，实现其功能优化、服务创新，这是必然趋势。数据挖掘、数据整合、数据分析和数据优化，可以为政府的信息公开、政务服务工作提供最大化的技术支持和决策依据。

---

① 迈尔-舍恩伯格，库克耶. 大数据时代 [M]. 周涛，等译. 杭州：浙江人民出版社，2013：53-54.

政府也应该多变地、多角度地打造自身角色定位,既是网络上的倾听者、参与者、引导者,又是互联网背后网络数据的收集员、分析员和风险预测员,在网络上和现实生活中平衡好两个"舆论场",处理好"话语主导权"。①

(二) 明确政务微博的地位,打造优质政务微博

近年来,全国政府部门在政务微博等新媒体平台的建设方面显现了极大的热情,但是非理性的行政命令式的组织动员,也造成了政务新媒体发展过程中的形式主义。"一哄而上""红头文件开路、限时开通上线"等,造就了大量的"有生无养""僵尸化""空心化"的政务微博,并屡屡出现账号被盗,乱发、滥发垃圾信息,甚至发布违法信息的微博乱象。因此,加强政务微博等账号的关停并转,"整合"势在必行。我国要明确政务微博在政务新媒体中的排头兵作用,集中最大力量做大做强一个政务新媒体。比如,以政务微博为主,实现微博与微信的"双微互补"。同一机构开通多个微博账号的,要集中优势力量做大做强一个账号。2018年,国务院发布《2018年政务公开工作要点》,明确指出:"加强'两微一端'日常监管和维护,对维护能力差、关注用户少的可关停整合。"② 这是官方第一次提出对政务微博等政务新媒体运营管理的"关停整合"机制。

部分政务微博为了增强传播力和影响力,正在朝优质精品账号方向打造自身形象。比如,2018年7月4日,"江苏气象"推送了《全国首个"蚊子出没预报"发布,今明天江苏上海等14个省市将陷"驱蚊大

---

① 李兴亮,彭娟. 从大数据视角看地方网络问政平台的发展与转型 [J]. 新闻研究导刊,2013 (5):19-24.
② 国务院办公厅关于印发2018年政务公开工作要点的通知 [EB/OL]. 中国政府网,2018-04-24.

战"》一文,综合分析了气象要素和蚊子生长环境特点,将预报等级分为较少、正常、较多和多四个等级,地图的形式类似于目前的气温预报地图。文章一经发布,立刻引起了网友的关注,创意十足的产品不仅让众多网友纷纷下载"尝鲜",在《北京青年报》等媒体、腾讯视频等视频网站、知乎等问答社区的整个网络舆论场中掀起了热议。对夏季而言,"江苏气象"蚊虫预报可以说是正好迎合了民众的刚需。如果说"穿衣指数"和"洗车指数"是前几年气象服务的成功创新之作,在信息技术进步的情况下应运而生的"蚊虫指数",无疑是气象系统预报服务的又一力作。气象系统如果继续加强预报精准性,也将会成为民众夏季出行的必需品。"江苏气象"将人性化创新与自身职能有机融合,不仅提高了公共服务的广度和精细化程度,还有效打开了自身的知名度和美誉度。

在之后的发展中,我国应该全面打造一批优质精品账号,建设更加权威的信息发布和解读回应平台和更加便捷的政民互动和办事服务平台,形成全国政务新媒体规范发展、创新发展、融合发展新格局。遵循政务新媒体发展规律,充分考虑不同政务机构的职能、层级、发展阶段的不同,不同系统政务微博的运营也各有侧重,逐步区分党务与政务、宣传与职能类账号,从政务职责、行业、层级等方面进行更细致的分类化评估,进一步激发基层政务微博的活力。鼓励政务微博多发与本职工作、本地网民需求相关的政务内容,重视微视频、网络直播等新型传播方式,坚持以发布为基础、互动为核心、服务为根本,提升政务微博的政民互动和办事服务水平。

结　论

"政之所兴在顺民心；政之所废在逆民心。"党的十八大以来，以习近平同志为核心的党中央高度重视以信息化推进国家治理体系和治理能力现代化，强调要加快推动电子政务，打通信息壁垒，构建全流程一体化在线服务平台，助力建设人民满意的执政党和服务型政府。我们党执政已 70 多年，党的执政时间越长，面临的执政考验越大；我们党现有 9804 多万名党员、500 多万个基层党组织①，党员和党组织的数量越多，管党治党的难度越大。党的二十大报告再次提醒全体党员干部，"党面临的执政考验、改革开放考验、市场经济考验、外部环境考验将长期存在，精神懈怠危险、能力不足危险、脱离群众危险、消极腐败危险将长期存在"②，而且"回应公众上升预期的革命是中国共产党目前正在面临的真正挑战，因为这实质上需要一个快速回应和积极主动的政

---

① 根据中央组织部最新党内统计数据显示，截至 2022 年 12 月 31 日，中国共产党党员总数为 9804.1 万名，比 2021 年底净增 132.9 万名。中国共产党现有基层党组织 506.5 万个，比 2021 年底净增 12.9 万个。

② 习近平．高举中国特色社会主义伟大旗帜 为全面建设社会主义现代化国家而团结奋斗：在中国共产党第二十次全国代表大会上的报告［EB/OL］．中国政府网，2022-10-25．

党——国家"①。在这个问题上,中国共产党必须积极正确应对,才有可能有效地满足民众的要求。中国共产党面临的核心挑战不仅是如何使作为执政党的中国共产党跟上社会的发展,而且是如何启发和领导国家走上新的方向。所以,对中国共产党来说,它所面对的不是对自身进行适应性变革,而应是创新性变革和发展。这种创新性变革和发展,需要中国共产党具有极大的勇气、自我革新的胆识、把改革进行到底的魄力,以及兼容并包、放眼世界的眼光。

面对如此艰巨的执政任务和如此巨大的执政考验,中国共产党该如何应对?中国共产党必须在探索社会主义建设规律、共产党执政规律的前提下转变执政理念、体制和方式,尤其是在"科学执政、民主执政、依法执政"的要求下不断完善党的领导和执政方式,推进党的执政方式现代化和国家治理现代化的进程。在中国共产党从革命党向执政党、从整合型政党向代表型政党转变的历史进程中,它把上述理念贯穿于始终,以中国共产党现代化转型的伟大实践,交出一份让人民满意的历史性答卷。因为,中国共产党深深懂得,只有始终"站稳人民立场、把握人民愿望、尊重人民创造、集中人民智慧"②,始终最大程度地尊重人民的主体性,紧跟时代步伐,顺应时代发展,才能让现代化成果更多更公平地惠及全体人民。

微博问政正是在这种背景和形势下兴起的,并成为政府信息公开和问政于民的新趋势,推动了体制外与体制内民意表达机制的高度融合,

---

① 沈大伟. 中国共产党: 收缩与调适[M]. 北京: 中央编译出版社, 2011: 8.
② 习近平. 高举中国特色社会主义伟大旗帜 为全面建设社会主义现代化国家而团结奋斗: 在中国共产党第二十次全国代表大会上的报告[EB/OL]. 中国政府网, 2022-10-25.

促进了政府的公共政策与民众价值取向的趋同性。它重构了国家治理的范式，再造了国家治理的流程，重塑了国家和政府的形象。微博这种现代舆情表达载体的问政，既是网络技术与国家政治相结合的新的参政形式，又是以网络为媒介和载体培植民众政治参与意识、提高民众参政方式多样化的新的传播形式。

微博已改变中国，以政务微博为主的政务新媒体将继续改变中国，重塑中国的政治生态。互联网引入中国20年来，还没有任何一种媒体能像微博那样赋予普通民众如此广泛而强大的民主监督权利。面对微博、微信、客户端等平台的兴起及其对国家治理的影响，听取民声、吸纳民意、凝聚民智，进而转变执政理念、创新执政方式，成为中国共产党获得民众支持、实现长期执政的必然要求。微博问政是完善党的执政方式的助推器。微博问政的价值在于催生了党的执政方式变革的创新性思维，其实质在于着力加强政府与民众之间的平等互动关系，其关键在于问政于民众和问事于政府的有机结合。微博问政的出现与发展势必改造了党治国理政的流程，实现了信息在党和政府与人民群众之间的代谢流动，创造了信息环境下政府"深入了解民情、充分反映民意、广泛集中民智、切实珍惜民力"的新途径和新方式，形成了媒体新时代政党执政和国家治理的新形态。

当然，我们也应该看到，在政治领域中，新媒体具备改变游戏规则的巨大潜力，尤其是党和政府感觉困难重重、前行艰难的时候。如果仅仅是寄希望于技术和形式，不用战略和思想做后盾，政府就是开通了所有的政务新媒体也无济于事，不仅不能推动国家治理的现代化，只会流于形式，还徒增负担。群众路线是我国新闻事业的优良传统，在不同的历史时期发挥了巨大的作用，直到今天仍然具有指导政府新媒体信息传播的价值。政务微博从形式上与最初的党报、党刊有区别，但职能是一样的，群众路线的精髓贯穿其中，是微博问政发展的根本方针。因此，在新形势新情况新问题下，进一步思考如何满足"微博问政"的要求和顺应发展趋势，科学有效地利用、引导和规范包括微博在内的政务新媒体，进而改进和创新党的执政方式，是中国共产党当下需要思考和应对的重大课题。

参考文献

一、中文文献

（一）著作类

［1］王亚强．政务微博伦理研究［M］．北京：人民出版社，2023．

［2］李良栋．改革和完善党的领导方式执政方式问题研究［M］．北京：中共中央党校出版社，2013．

［3］谢起慧．政务微博危机传播实践与效果：中美比较视角［M］．合肥：合肥工业大学出版社，2016．

［4］喻国明，李彪．中国社会舆情年度报告（2016—2017）［M］．北京：人民日报出版社，2017．

［5］人民网舆情监察室．指尖上的"政"能量：如何运用政务微博与微信［M］．北京：人民日报出版社，2013．

［6］张成福，党秀云．公共管理学［M］．北京：中国人民大学出版社，2001．

［7］电子政务理事会．中国电子政务年鉴（2014）［M］．北京：社会科学文献出版社，2015．

[8] 禹卫华. 政务新媒体的模式创新［M］. 上海：上海交通大学出版社，2018.

（二）译著类

［1］贾尼尼. 中国式现代化：路径、成就与挑战［M］. 李凯旋，李赛林，译. 北京：当代中国出版社，2022.

［2］古普塔，库马，布哈特塔卡亚. 政府在线：机遇和挑战［M］. 李江兰，张相林，林峰，译. 北京：北京大学出版社，2007.

［3］桑斯坦. 网络共和国：网络社会中的民主问题［M］. 黄维明，译. 上海：上海人民出版社，2003.

［4］本奈特，恩特曼. 媒介化政治：政治传播新论［M］. 董关鹏，译. 北京：清华大学出版社，2011.

［5］吉登斯. 全球时代的民族国家：吉登斯讲演录［M］. 郭忠华，译. 南京：江苏人民出版社，2010.

［6］以色列. 微博力［M］. 任文科，译. 北京：中国人民大学出版社，2010.

［7］劳克斯曼. 与黑格尔同行在信息高速上［M］. 王倩，译. 北京：中国经济出版社，1998.

［8］海姆. 从界面到网络空间：虚拟实在的形而上学［M］. 金吾伦，刘钢，译. 上海：上海科技教育出版社，2000.

（三）期刊论文类

［1］刘伯凡，赵玉兰，梁平汉，等. 政务新媒体与地方政府信任：来自开通政务微博的证据［J］. 世界经济，2023（5）.

［2］靖鸣，张孟军. 政务微博传播机理、影响因素及其对策［J］. 山西大学学报（哲学社会科学版），2021，44（6）.

[3] 安璐,吴一丹.突发事件情境下政务微博的舆情引导能力成熟度诊断模型[J].情报理论与实践,2022,45(5).

[4] 朱小妮.地方"双微"政务传播体系的构建:基于辽宁省五个主要职能领域的观察[J].传媒,2017(24).

[5] 黄楚新,张安."双微联动":建构党政与民众对话新渠道[J].新闻记者,2016(7).

[6] 胡伟.中国共产党执政方式的转变:逻辑与选择[J].浙江社会科学,2005(2).

[7] 彭勃,韩啸,龚泽鹏.建构公众参与政务微博意愿的影响因素模型[J].上海行政学院学报,2017,18(5).

[8] 陈然,刘洋.基于转发行为的政务微博信息传播模式研究[J].电子政务,2017(7).

[9] 陈文胜.论"微博问政"与党的执政方式创新[J].青海社会科学,2012(1).

[10] 陈文胜.国外政党微博问政的实践及启示[J].国外社会科学,2015(6).

[11] 林尚立,郑长忠.全面提升党的网络执政力与党的执政方式现代化:社会管理创新背景下的一项重要命题[J].中国延安干部学院学报,2013,6(2).

[12] 陈潭,邓伟.大数据驱动"互联网+政务服务"模式创新[J].中国行政管理,2016(7).

[13] 宫秀川.我国"微博问政"的规范化发展[J].中共中央党校学报,2012,16(4).

[14] 刘细良,黄胜波.微博反腐:双刃剑效应与路径选择[J].

湖南大学学报（社会科学版），2014，28（1）.

[15] 王法硕. 中国政务微博研究综述 [J]. 电子政务，2013（9）.

[16] 陈静，袁勤俭. 国内外政务微博研究述评 [J]. 情报科学，2014，32（6）.

[17] 赵阿敏，曹桂全. 政务微博影响力评价与比较实证研究：基于因子分析和聚类分析 [J]. 情报杂志，2014，33（3）.

[18] 陈叶叶，周通. 国内网络舆情治理研究的可视化分析：基于科学知识图谱的方法 [J]. 情报科学，2016，34（11）.

[19] 王敬波. "互联网+"助推法治政府建设 [J]. 国家行政学院学报，2016（2）.

[20] 刘江. 适应障碍、同质游戏与互动承诺的异化：基于社会网络分析的政务微博互动质量研究 [J]. 电子政务，2019，38（3）.

[21] 沈霄，王国华，季楚玮. 政务微博"蹭热点"现象研究 [J]. 情报杂志，2019（3）.

[22] 陈强. 我国政务微博研究的知识结构、议题逻辑与反思发展 [J]. 电子政务，2018（11）.

[23] 李强彬，陈晓蕾. 政务微博中的公民参与：限度与突破 [J]. 理论探讨，2015（2）.

[24] 朱耀华. 政务微博：增进政民沟通、提升政府治理能力新平台 [J]. 中央社会主义学院学报，2014（4）.

[25] 王立华. 如何促进政务微博公众参与：基于政府信息公开的视角 [J]. 电子政务，2018（8）.

[26] 周晔，孟俊. 面向政务微博的社会治理建模与实证研究 [J].

现代情报，2018，38（7）.

［27］沙勇忠，苏有丽. 中国省级政府微博的社会网络分析［J］. 暨南学报（哲学社会科学版），2018，40（6）.

［28］曾婧婧，张阿城，刘定杰. 互联网时代府际关系网络的结构特征及其成因：基于284个地级市政务微博数据的社会网络分析［J］. 情报杂志，2018，37（7）.

［29］陈然. 政务微博公众采纳的阻碍因素及对策探析［J］. 电子政务，2016（7）.

［30］李勇，龚小芳，惠鸿曜，等. 政务微博条件下的政民交互度评价指标体系构建［J］. 重庆大学学报（社会科学版），2016，22（4）.

［31］侯恩宾，李济时. 建国后地方治理中党的执政方式演变与经验教训［J］. 当代世界社会主义问题，2016（4）.

［32］杨雪冬. 国家治理现代化与执政方式的完善［J］. 北京行政学院学报，2016（6）.

［33］方雷，李优. 党的执政方式的学理阐释与现实转向［J］. 理论视野，2016（6）.

［34］杨崇勇. 对改革完善党的执政方式的粗浅思考［J］. 理论视野，2015（8）.

（四）学位论文类

［1］甘田. 地方政府政务微博矩阵的回应效能提升研究［D］. 银川：宁夏大学，2022.

［2］李奕泠. 突发公共危机事件中政务微博联动模式研究［D］. 武汉：武汉大学，2022.

[3] 周敏. 基于政府信任视角的政务微博研究 [D]. 武汉: 武汉大学, 2013.

[4] 谢起慧. 危机中的地方政务微博: 媒体属性、社交属性与传播效果——中美比较的视角 [D]. 合肥: 中国科学技术大学, 2015.

[5] 肖博. 政府信息公开视角下的政务双微比较研究 [D]. 武汉: 华中师范大学, 2017.

[6] 葛海彦. 中国共产党执政方式研究 [D]. 北京: 中共中央党校, 2005.

[7] 秦垒. 媒体融合背景下政务新媒体平台建设现状及发展策略研究 [D]. 武汉: 武汉大学, 2018.

[8] 谭婧. 政务微博公众满意度影响因素研究 [D]. 成都: 电子科技大学, 2018.

[9] 徐茂恩. "微时代"的我国政府形象传播研究 [D]. 郑州: 郑州大学, 2018.

[10] 王天放. 参与式治理视角下政务微博运营研究 [D]. 长春: 吉林大学, 2017.

[11] 张宸鸣. 突发事件处置中警务"双微"传播问题研究 [D]. 北京: 中国人民公安大学, 2018.

(五) 电子资源类

[1] 国家行政学院电子政务研究中心. 2011年中国政务微博客评估报告 [EB/OL]. 中国电子政务网, 2012-04-14.

[2] 国家行政学院电子政务研究中心. 2012年中国政务微博客评估报告 [EB/OL]. 中国电子政务网, 2013-03-27.

[3] 国家行政学院电子政务研究中心. 2013年中国政务微博客评

估报告 [EB/OL]. 中国电子政务网, 2013-10-28.

[4] 人民网舆情监测室.2011年新浪政务微博报告 [EB/OL]. 新浪网, 2011-12-12.

[5] 人民网舆情监测室.2012年新浪政务微博报告 [EB/OL]. 新浪网, 2013-01-01.

[6] 人民网舆情监测室.2013年新浪政务微博报告 [EB/OL]. 新浪网, 2013-12-26.

[7] 人民网舆情监测室.2014年上半年新浪政务微博报告 [EB/OL]. 新浪网, 2014-07-24.

[8] 人民网舆情监测室.2015年上半年人民日报·政务微博影响力报告 [EB/OL]. 人民网, 2015-08-28.

[9] 人民网舆情监测室.2016年人民日报·政务指数微博影响力报告 [EB/OL]. 人民网, 2017-01-19.

[10] 人民网舆情监测室.2016年上半年人民日报·政务指数微博影响力报告 [EB/OL]. 人民网, 2016-08-04.

[11] 人民网舆情监测室.2017一季度人民日报·政务指数微博影响力报告 [EB/OL]. 人民网, 2017-05-04.

[12] 人民网舆情监测室.2017年上半年人民日报·政务指数微博影响力报告 [EB/OL]. 人民网, 2017-07-28.

[13] 人民网舆情监测室.2017年年度人民日报·政务指数微博影响力报告 [EB/OL]. 人民网, 2018-01-22.

[14] 人民网舆情监测室.2018年上半年人民日报·政务指数微博影响力报告 [EB/OL]. 人民网, 2018-08-03.

[15] 人民网舆情监测室.2018年一季度人民日报·政务指数微博

影响力报告［EB/OL］.人民网，2018-05-10.

［16］人民网舆情监测室.2018年人民日报·政务指数微博影响力报告［EB/OL］.人民网，2019-01-21.

［17］重磅发布丨2018中国"互联网+"指数报告：中国数字经济版图初现［EB/OL］.搜狐网，2018-04-18.

［18］新华网舆情监测分析中心.2015年全国政务新媒体综合影响力报告［EB/OL］.中国网·新山东，2016-01-18.

［19］人民网舆情监测室.微博政民互动典型案例分析报告［EB/OL］.人民网，2011-08-25.

［20］人民网舆情监测室.2013年腾讯政务微博和政务微信发展报告［EB/OL］.人民网，2013-12-05.

［21］中国传媒大学媒介与公共事务研究院.2016中国政务微博矩阵发展报告［EB/OL］.新浪网，2016-06-26.

［22］腾讯研究院.2014年"互联网+"微信政务民生白皮书［EB/OL］.腾讯研究院，2015-04-22.

［23］新浪微博数据中心.2018微博用户发展报告［EB/OL］.新浪网，2019-03-15.

［24］腾讯研究院.中国"互联网+"指数报告（2018）［EB/OL］.腾讯研究院，2018-04-11.

［25］CNNIC中国互联网络信息中心.第48次《中国互联网络发展状况统计报告》［EB/OL］.CNNIC，2021-08-27.

［26］CNNIC中国互联网络信息中心.第49次《中国互联网络发展状况统计报告》［EB/OL］.CNNIC，2022-02-25.

［27］CNNIC中国互联网络信息中心.第50次《中国互联网络发展

状况统计报告》[EB/OL]. CNNIC, 2022-08-31.

[28] CNNIC 中国互联网络信息中心. 第51次《中国互联网络发展状况统计报告》[EB/OL]. CNNIC, 2023-03-02.

[29] CNNIC 中国互联网络信息中心. 第52次《中国互联网络发展状况统计报告》[EB/OL]. CNNIC, 2023-08-28.

二、英文文献

(一) 著作类

[1] MERGEL I. Social Media in the Public Sector A Guide to Participation, Collaboration, and Transparency in the Networked World [M]. Wiley: Jossey-Bass, 2012.

[2] DUTTON W H. Society on the Line: Information Politics in the Digital Age [M]. Oxford: Oxford University Press, 1999.

[3] DAVIS R. The Web of Politics : The Internet's Impact on the American Political System [M]. Oxford: Oxford University Press. Press, 1999.

[4] JORDAN T. Cyber Power: The Culture and Politics of Cyberspace and the Internet [M]. London: Routledge, 1999.

[5] EVERARD J. Virtual States: The Internet and the Boundaries of the Nation State [M]. London: Routledge, 1999.

(二) 论文类

[1] MERGEL I. A framework for Interpreting Social Media Interactions in the Public Sector [J]. Government Information Quarterly, 2013, 30 (4).

[2] MALEKPOUR M R. Government Innovation Through Social Media.

Government Information Quarterly [J]. 2013, 30 (4).

[3] HOFMANN S, BEVERUNGEN D, ROCKERS M, et al. What Makes Local Governments' Online Communications Successful? Insights from a Multi-method Analysis of Facebook [J]. Government Information Quarterly, 2013, 30 (4).

[4] WARREN A M, SULAIMAN A, JAAFAR N I. Social Media Effects on Fostering Online Civic Engagement and Building Citizen Trust and Trust in Institutions [J]. Government Information Quarterly, 2014, 31 (2).

[5] HOLGERSSON J, KARLSSON F. Public E-service Development: Understanding Citizens' Conditions for Participation [J]. Government InformationQuarterly, 2014, 31 (3).

[6] PANAGIOTOPOULOS P, BIGDELI A Z, SAMS S. Citizen-government Collaboration on Social Media: The Case of Twitter in the 2011 Riots in England [J]. Government Information Quarterly, 2014, 31 (3).

[7] LEE E J, SHIN S Y. When the Medium Is the Message: How Transportability Moderates the Effects of Politicians' Twitter Communication [J]. Communication Research, 2014, 41 (8).

[8] MIRER M L, BODE L. Tweeting in defeat: How candidates concede and claim victory in 140 characters [J]. New Media & Society, 2015, 17 (3).

[11] VACCARI C, VALERIANI A. Follow the Leader! Direct and Indirect Flows of Political Communication during the 2013 Italian General Election Campaign [J]. New Media & Society, 2015, 17 (7).